Schöner leiden

Julia Strassburg

Schöner leiden

33 skurrile SM-Erlebnisse, seltsame Fetische und schräge Fantasien

Schwarzkopf & Schwarzkopf

Inhalt

Perverse zum Anfassen

Vorwort

In diesem Buch erzählen Menschen von der Liebe und anderen Missgeschicken. Von sexuellen Orientierungen und ihren Tücken. Von Nadelspielen, elastischen Neigungen, Zeitreisen, Illusionen. Wir treffen Frauen, die es besser wissen, Fabelwesen, die ihr Revier markieren, perverse Römer, die spinnen und lesen die Erfahrungsberichte von Menschen, die mit Anlauf und Vorfreude in Fettnäpfchen springen. Zeitreisen und Illusionen führen uns in fremde Betten und fremde Körper, in denen die Helden ein Zuhause finden. 33 Geschichten, so verschieden, wie die Menschen, die sie erlebten.

Sie versinken in Treibsand, rasen gedankenverloren auf Wände zu und stolpern taumelnd über ihre Herzen. Manchmal möchte man sie beschützen, ein anderes Mal an der Schulter nehmen und schütteln, allein lassen kann man sie kaum. »Was tust du noch dort? Nimm deine Beine in die Hand und renne!«, möchte man rufen. Doch hört man ihnen genauer zu, merkt man plötzlich, dass alles gar nicht so schaurig ist. Und möchte mit den Helden der Geschichten einfach eine Tasse Tee trinken – statt sich abzuwenden.

Ich habs getan, habe Tee mit ihnen getrunken und zugehört. Habe hingesehen, mich gewundert und gefreut. Vor allem darüber, dass Klischees keinen Platz in ihren Geschichten haben, keinen Platz in ihren Leben. Meine Erwartungen auf Sonderlinge zu stoßen, wurden nicht erfüllt. Echten Menschen durfte ich begegnen, mit wundersamen Geschichten, die es wert sind, aufgeschrieben und erzählt zu werden. Die Fragen, die ich mir vorher zurechtgelegt hatte, blieben unbeantwortet. Antworten bekam ich dennoch. Mehr als erhofft.

Julia Strassburg

1. ERLEBNIS

Das Pony
auf Gleis 3

Julia (33), Autorin, Berlin, über Conny (22), Studentin, Berlin

Regen. Regen. Regen. Graue Schnüre bis zum Asphalt, ein dichtes Wolkengebälk, angetrieben von kaltem Wind. René las mich zu Hause auf – was ich sehr begrüßte. Ich trug ein Outfit, das nicht einmal im Ansatz für den Alltag bestimmt war. Berliner waren einiges gewohnt von ihren Mitmenschen. Über die Straßen schlenderten so einige modische Fragwürdigkeiten. Doch ganz in Latex gehüllt wollte ich mich an einem Samstag um 11 Uhr morgens nicht in die Straßenbahn setzen.

Wie jedes Jahr hatte ich mich für den German Fetisch Ball zurechtgemacht. Nicht um dort zu feiern, sondern um zu arbeiten. Zwei Tage Messe und zum Abschluss der Ball. Für diesen Event reisten die Besucher nicht nur aus allen Ecken Deutschlands an. Auch im Ausland hatte er sich bereits herumgesprochen. Aus diesem Grund wollte René seinen Gästen eine Besonderheit bieten und hatte eine Stadtrundfahrt bei der BVG gebucht. Ein zusätzlicher Anreiz für die Stadtfremden. Einen Fetischtrain hatte es vorher noch nie gegeben. Ich war gespannt.

Als ich ins Auto stieg, saß auf der Rückbank ein junges Mädchen, ebenfalls in Fetischkleidung. René stellte sie mir als Conny vor und erklärte, dass sie mich im Fetischtrain unterstützen würde. Wir sollten die Gäste während der Fahrt mit Getränken versorgen. Ich wollte ihr die Hand reichen, aber sie drehte lediglich den Kopf zur Seite, sodass ihr schwarzer Pferdeschwanz eine halbe Pirouette drehte. Seltsames Volk war keine Seltenheit in der eitlen Szene und Conny schien sehr jung zu sein, ungefähr Anfang zwanzig. In ihrem Alter, so dachte ich, habe ich meine Andersartigkeit auch noch zelebriert. Deshalb wunderte ich mich nicht über den exzentrischen Auftakt.

Wie jedes Jahr stand René unter Strom. Während der Fahrt telefonierte er unentwegt, vergewisserte sich, ob alles seine Richtigkeit auf der Messe hatte, ob das Personal vor Ort war oder sonst irgendetwas fehlte. Selbstverständlich lief nichts, wie es sollte. Mich persönlich brachte das nicht aus der Balance, ich kannte das Prozedere aus den Jahren zuvor. Am Ende würden so oder so alle zufrieden und glücklich sein. Bis dahin aber wurde viel Lärm um Nichts gemacht. So war das eben mit René. Keine Fetisch-Fair ohne Stress. Kein Fetisch-Ball ohne Drama. Dafür kannten und liebten wir ihn.

»Verdammt!«, schimpfte er, kurz bevor wir den Ostbahnhof erreichten. Belustigt schielte ich zur Seite. Eine Ahnung flüsterte mir, dass nun eine Planänderung folgen würde. Wahrscheinlich mussten wir vorher noch einmal zur Messehalle fahren oder jemanden abholen. Möglichkeiten gab es etliche. René bestätigte meine Annahme. »Ich muss noch mal zur Fair. Perdita hat Schwierigkeiten mit einem der Stände.« Womit ich jedoch nicht rechnete: Wir kamen in der Abwandlung des Planes nicht vor. René hielt vorm Ostbahnhof, mit den Worten: »Ich komme später nach. Wir treffen uns in einer halben Stunde auf Gleis 3. Der Zug fährt um 12.10 Uhr ein und um 12.30 Uhr ab. Bis dahin müssen alle eingestiegen sein. Aber das wird euch das Personal von der BVG bestätigen.« Sein Finger deutete auf die Beifahrertür. Ungläubig sah ich ihn an. »Wir sollen da jetzt allein rein gehen? In den Bahnhof? In diesen Outfits?«

»Klar, wieso denn nicht?«

Mir fielen diverse Gründe ein, weshalb ich nicht auf 12-Zentimeter-Absätzen und in der Unterbrustkorsage am helllichten Tage durch den Ostbahnhof staksen wollte. Zwei davon standen mit einem Dosenbier vorm Eingang, starrten mit gierigen Augen und schmierigen Dreitagebärten auf Conny. Sie war kommentar- und anstandslos ausgestiegen und hatte sich dekorativ auf dem Bordstein platziert. Aber René hatte andere Sorgen. Das verkündete er dann auch. »Ich hab jetzt andere Sorgen.«

Ich stieg aus. Der Wagen setzte sich in Bewegung, das Fenster fuhr hinunter. »Ach so, hilf bitte Conny, die Trense und die Zügel anzulegen, ich schaff das jetzt nicht mehr.« Rief René, griff nach hinten, holte ein Ledergeschirr von der Rückbank und streckte es mir aus dem Fenster entgegen. Conny stand teilnahmslos herum, während ich mit meinen High Heels an Renés rollendem Auto entlang humpelte, um das Ledergeschirr entgegenzunehmen. Erst als der Wagen aus meinem Sichtfeld verschwunden war, begriff ich: Jetzt gab es kein Zurück mehr. Regen perlte von meiner Korsage. Kalter Wind fuhr mir in die Frisur. Aus Verzweiflung begann ich zu lachen, schaute zu Conny, in der Hoffnung auf eine Reaktion. Nichts passierte. Zwei ausdruckslose Augen guckten durch mich hindurch. Ihr Fuß mit der 20-Zentimeter-Plateausohle scharrte auf dem Asphalt. Ich hielt ihr das Geschirr hin. »Das kannst du auch auf Gleis 3 anlegen. Lass uns mal zusehen, dass wir hier wegkommen.« Die zwei Typen mit dem Bier hatten sich inzwischen vermehrt und waren zu fünft. Bisher hatten sie bloß aus der Entfernung ein paar anzügliche Bemerkungen in unsere Richtung posaunt, doch nun, da ich zu ihnen rüber sah, rückten sie näher.

»Lass uns gehen!«, richtete ich eindringlich das Wort an Conny, die weder auf meine erste Bemerkung eingegangen war noch meine Unruhe teilte. In einer Endlosschleife schleuderte sie ihren langen Zopf herum und kratzte mit dem Fuß auf dem Boden. »Hallo! Wir müssen hier weg!« Langsam bekam ich meine Zweifel, ob Conny mich überhaupt verstand. Oder machte sie sich einen Scherz aus meiner Nervosität? Einer der Trunkenen stand inzwischen neben ihr, versuchte mit dem Finger das glänzende Material ihres Latex-catsuits zu berühren. »Echtet Lack, wa?!«, lallte er. Sein Atem verriet, dass das Bier in seiner Hand nicht das erste an diesem Tag war.

»Finger weg!«, fuhr ich ihn an und hoffte, dass Conny wenigstens jetzt reagierte. Das tat sie dann auch. Zwar nicht so, wie ich es mir gewünscht hätte, zumindest aber auf eine Weise, die selbst den betrunkenen Anwärter irritierte. Conny fing an zu schnauben. Der scharrende Fuß hatte seinen Radius vergrößert und schabte stärker und schneller am Boden entlang. Hilflos sah ich mich um. Einige Passanten beobachteten uns aus sicherer Entfernung, andere kamen direkt auf uns zu. Wieder andere hoben die Daumen und lachten. Die Panik wuchs. Madame scharrte und schnaubte noch immer. So langsam dämmerte es mir. Vielleicht musste ich ihr einfach das Geschirr anlegen, damit sie sich vom Fleck rührte. Gleichermaßen wütend wie irritiert ging ich auf sie zu. Sollte dies ein eigenwilliges Rollenspiel sein, so wollte ich nicht Teil davon werden. Schon gar nicht hier und jetzt. Meine Toleranz war schließlich nicht grenzenlos. Doch was blieb mir anderes übrig, als mich der Situation zu beugen? Als sie bemerkte, was ich vorhatte, nahm das Schnauben zu. Als Zeichen ihrer Freude schenkte sie mir ein Wiehern. Was für ein Glück. Anscheinend befand ich mich auf dem richtigen Weg.

Erfreulicherweise half sie beim Anlegen der Zügel ein wenig nach. Das versprach zumindest die Aussicht, dass sie nicht vollständig zum Pony mutiert war. Unter Umständen trug sie noch einen Krumen Mensch in sich.

Als Conny fertig war und die Trense zwischen ihren Zähnen steckte, wehte mir eine strenge Alkoholfahne in den Nacken und ich wusste, wir befanden uns mitten in der Gefahrenzone. Jetzt hieß es Galopp. Das Pony aber rührte sich nicht. »Ey, seid ihr pervers oder so?«, hörte ich eine kratzige Stimme hinter mir.

Wie von selbst griff ich nach dem Halfter um Connys Hals, schnalzte, rief: »Hopp hopp, Pony!« Tatsächlich. Das Ponymädchen setzte sich in Bewegung und schritt stolz neben mir her. Bei jedem Schritt hob sie das Knie an, wie es Dressurpferde tun. Wut und Verzweiflung. Ohrfeigen schieden aus. Conny hätte wahrscheinlich eher Gefallen daran und würde noch tiefer in ihrer Rolle versinken. Schulterblick. Dicht auf unseren Versen: die Penner. Inzwischen hatten sie sich warm geredet. Koseworte, Schimpfwörter, alles unter der Gürtellinie. Das Pony schritt hochmütig und gemächlich durch die Bahnhofshalle. Apropos Schläge, dachte ich. Meine Hand schnellte durch die Luft und traf seine Flanke. Aufbäumen, wiehern, dann endlich Galopp. Seine Plateauhufen hatte es besser im Griff als ich meine Heels, deshalb strauchelte ich hinterher. Die Bahnsteignummern flogen an uns vorbei.

An Gleis 3 bremste das Pony abrupt. Wieder fing es an zu scharren. Erleichterung überkam mich. Völlig außer Atem lobte ich das Pony und tätschelte seine Schulter. Brav folgte es mir die Treppe hinauf.

Am Gleis standen bereits ein paar der Fahrgäste für den Fetischtrain. Hier fielen wir nicht mehr auf. Der Bahnsteig füllte sich langsam. Bald verschwanden wir zwischen all den glänzenden Latex-Outfits. Endlich normale Leute.

Der Zug fuhr ein, öffnete seine Türen, ließ die Gäste eintreten. Inzwischen führte ich das Pony ganz selbstverständlich an seinem Halfter. Niemand fragte, was es damit auf sich habe.

Froh, endlich angekommen zu sein, war mir völlig entfallen, dass wir ja zum Arbeiten hier waren. Würde das Pony überhaupt in der Lage sein, Bestellungen entgegenzunehmen? Und wenn nicht, was machte ich dann? Ein Blick auf die Uhr. 5 Minuten bis zur Abfahrt. René blieb fern. An der kleinen Bar des Abteils begrüßte ich zwei BVG-Mitarbeiter. Ihre verschreckten Gesichter machten mir bewusst, dass mein Job weit über einen Kellnerdienst hinausgehen würde. So freundlich wie möglich fragte ich nach dem Ablauf.

»Ich würde die Bar machen«, sagte eine kleine Dame mit gesenktem Haupt, den Blick konsequent auf den Tresen gerichtet. Dabei stupste sie unentwegt ihre Brille Richtung Nasenwurzel. »Ja, sie können hier bleiben. Wir …«, ich stockte, besah das Pony an meiner Seite, korrigierte mich: »Ich kümmere mich um die Gäste.« Hektisches Nicken meines Gegenübers. Der andere, ein älterer Herr, war für die Moderation zuständig. In seinem Gesicht konnte ich lesen, wie mulmig ihm zumute war. Jemand musste die Führung übernehmen.

Mit einem Ruck setzte sich der Zug in Bewegung, wir fuhren. »Okay!«, wendete ich mich an die beiden Beamten. »Wenn Sie Fragen haben, dann stellen Sie diese bitte ausschließlich mir.« Zwei Augenpaare schielten auf das Pony. »Die hier können Sie vergessen, denn die ist ein Pony. Alles klar?« Frenetisches Nicken. Was blieb ihnen auch übrig? Ich war wieder Herr der Lage. Zu meinem Erstaunen setzte sich das Ponymädchen in Bewegung, notierte sich schweigend die Bestellungen. Bei den Gästen kam sie gut an. Mal hier ein Klaps, mal dort ein Zuckerstückchen.

Nach einigen Minuten Fahrt entdeckte ich sogar René, der zwischen den Gästen saß und plauderte. Mit Blick aus dem Fenster wies der BVG-Beamte die Fahrgäste in Berlins Sehenswürdigkeiten ein. Trotz allem war ich nicht entspannt. Ständig sorgte ich mich um das Pony, las der Bardame Bestellzettelchen vor und hielt alle bei guter Laune. Nach und nach wuchsen die Schweißflecken unter den Armen des Moderators zu landkartenähnlichen Gebilden heran. Als einige der Gäste anfingen, den Hintern einer Dame zu flagellieren, tupfte er sich atemlos den Schweiß von Stirn und Nase. Schnell wies ich die Spieler zurecht, denn im Fetischtrain herrschte Spielverbot. Um die Situation für den Moderator zu entschärfen, flüsterte ich dem alten Herrn zu: »Skurril, nicht wahr?!«

Bestürzt sah er mich an und fragte: »Das finden selbst Sie?« Ich sah an mir hinab. Mein Outfit stand den anderen in nichts nach. Auch ich war in seinen Augen bloß Teil der außerirdischen Fahrgäste.

Als ich später aus dem Zug stieg, hörte ich jemanden meinen Namen rufen. Ich drehte mich um. Conny stand vor mir. Das Geschirr hatte sie abgelegt. Es war das erste Mal, dass ich ihre Stimme hörte. »Hat Spaß gemacht. Bis morgen, wir sehen uns beim Ball.«

Verständnislos sah ich ihr nach. Wie selbstverständlich menschlich sie den Bahnsteig hinabging. Es war das erste und auch letzte Mal, dass ich Conny so erlebte. Auf dem Ball am nächsten Abend war sie wieder das Pony.

Schneewittchen aus Marzahn

Martin (36), Versicherungskaufmann, Berlin,
über Jessy (ca. 34), Sexarbeiterin, Berlin

Als ich an einem Samstagabend im März in meinem kleinen gebrauchten Polo zu der besagten Adresse fuhr, ergriff mich die Aufregung. Der letzte Event, der mich solch eine Regung hatte fühlen lassen, lag lange zurück.

Damals war ich 19 und ging zum ersten Mal in den KitKat-Club. Schon früh hatte ich begonnen, erotische Veranstaltungen zu besuchen. Früher mit pochendem Herzen und geliehenen Latexklamotten, später mit pochender Hose und geliehenen Frauen. Ich war einer der Menschen, die nicht einmal mehr zurück wollten, wenn sie denn gekonnt hätten. Zurück zu einem konventionelleren Lebenswandel – mit einer festen Partnerin oder gar Kindern. Nein, ich war zufrieden in der sexuell orientierten Gemeinde Berlins und sah keinen Grund, etwas zu ändern. Ich zog es vor, in einem WG-Zimmer zu leben, obwohl ich mir locker eine Drei-Zimmerwohnung hätte leisten können. Viele Jahre fuhr ich bloß mit dem Rad, später kaufte ich mir den alten Polo, obwohl mein Budget viel mehr zuließ.

Dennoch konnte man mich nicht als genügsam bezeichnen. Schließlich konsumierte ich Frauen. Es gab stets vier bis sechs Damen in meinem Umfeld. Wann immer mir nach etwas Zärtlichkeit oder einer berauschten Zeit war, brauchte ich bloß anzurufen. Manchmal begleitete mich eine meiner Gespielinnen auf Partys. Manchmal traf ich sie allesamt vor Ort. Man kannte sich untereinander, und wenn nicht, war selten jemand neuen Kameradschaften gegenüber abgeneigt. Nur riechen können musste man sich, darauf kam es an. Zumindest bei den Partys, bei denen Gespräche an zweiter Stelle standen – Swingerpartys. Schon immer habe ich mein Einzelgängertum gepflegt, mich wohlgefühlt in der Rolle des lonely Großstadtcowboys. Gute Gesellschaft wusste ich trotzdem zu schätzen. Ich mochte es, wenn Leben um mich herum war. Allerdings ohne Verpflichtungen, ohne Erwartungen.

Eines jedoch war mir bisher nicht widerfahren: die Liebe. Vieles hatte ich darüber gehört, gelesen.

Ich hatte mitbekommen, wie andere liebten, wie sie sich plötzlich anders verhielten, seltsame Dinge taten. Auch mich hatte man schon geliebt. Ein paar Damen hatten mir ihre Liebe gestanden. Manche im selben Moment ihres Zustands, einige im Nachhinein. Daran gab es nichts auszusetzen. Es war gut vorstellbar, dass ich liebenswert war. Ich war ja gut geraten und an Charme mangelte es mir erst recht nicht. Nur in Ruhe lassen musste man mich. Selber vermisste ich die Liebe nicht. Wenn man beobachtete, wie schmerzvoll sie sein konnte, war ich ganz froh, es mir in meiner Grauzone bequem gemacht zu haben. Vermutlich war ich einfach nicht gemacht für die großen Gefühle, so dachte ich. Das Einzige, das mehr und mehr abhandenkam, war das Kribbeln im Bauch, das ich einst auf Partys verspürt hatte. Mit den Jahren hatte die Aufregung der Gewohnheit Platz gemacht und das schöne Prickeln mit sich genommen.

Im Internet entdeckte ich eines Tages eine vielversprechende Annonce. Bei den Kleinanzeigen war ich über einen simplen, aber sehr eindeutigen Text gestolpert: »Benutzerparty. Zur Benutzung freigegeben: Schneewittchen. Wer hat noch nicht? Wer will noch mal?«, darunter eine Telefonnummer. Die Partys der Szene, die ich normalerweise besuchte, waren kommerziell, öffentlich. Diese private Anzeige dagegen versprach etwas Neues. Womöglich brachte sie sogar meine Faszination zurück.

Tatsächlich: An jenem Samstagabend regte sich etwas in meinem Bauch, was ich kaum noch für möglich gehalten hatte. Ich war regelrecht aufgeregt. Sieben Tage waren vergangen, seit ich die Anzeige ausgeschnitten und die Nummer gewählt hatte. Eine freundliche Männerstimme hatte mir Datum und Adresse der privaten Party genannt, mich außerdem beglückwünscht zum beinahe letzten Platz auf der Besucherliste. Danach hatte sie einige Benimmregeln vorgelesen, bei denen ich schon nicht mehr hinhörte. Mein Herz hatte zu schlagen begonnen, das war wichtiger.

Mit feuchten Händen parkte ich eine Straße entfernt. Vor der Hausnummer 27 war alles voll. Um einen Strafzettel zu vermeiden, verkniff ich mir, auf der gestreiften Zone zu parken. So stellte ich, meiner wachsenden Ungeduld zum Trotz, den Wagen einen Block entfernt ab. Anecken wollte ich nicht. Generell stand ich nicht gern im Mittelpunkt. Egal ob durch auffällige Kleidung, abnormes Auftreten oder außerordentliches Verhalten im Verkehr. Nur bei den Frauen, da war ich schon immer besonders.

Die Gegend ließ sich nicht gerade als schön bezeichnen. Genau das, was man von Marzahn erwartete: Berliner Plattenbau. An der Tür suchte ich nach einem Hinweis und fand ihn prompt: Jemand hatte das Klingelschild überklebt. »Schneewittchen« haftete über dem Nachnamen. Noch immer empfand ich die Schlichtheit, die dieser Offerte innewohnte als erfrischend. Und ein neuerlicher Schwung Aufregung überkam mich.

Mit feuchten Händen klingelte ich, man öffnete und ich fuhr in den zwölften Stock, wie der Mann am Telefon es erklärt hatte. An der Haustür wurde ich von einer Dame empfangen. Nicht hübsch, aber sehr charmant, was einiges ausglich, wie ich fand. Was mich wunderte: Sie trug, ganz untypisch für eine Sexparty, Jeans und Pullover. Als ich sie fragte, ob sie Schneewittchen sei, erklärte sie, dass sie nur für den Einlass zuständig sei. Dann zupfte sie die 20 Euro Unkostenbeitrag aus meinen Fingern, hakte meinen Namen auf der Liste ab: »SundM«. Vergebens wartete ich auf eine Bewegung in ihrem Gesicht, einen Hinweis, dass sie nicht bloß meinen Humor teilte, sondern verstand, dass ich kein herkömmlicher Besucher war. Zwar war ich kein typischer SM-ler, der sich ausschließlich in der Szene herumtrieb. Trotzdem wollte ich darauf hinweisen, in welche Richtung es mich zog, damit die Gastgeber vorgewarnt waren. Doch es tat sich nichts im Gesicht der Türdame. Bloß ihre Lippen spuckten ein paar Worte aus. In der Küche dürfe ich mich am Buffet bedienen, auch Getränke seien dort zu finden, dann ließ sie mich eintreten.

Langsam betrat ich die Wohnung des Neubaus. Ein früher Gast bin ich nie gewesen, das passte nicht zu mir. Ich bevorzugte Partys, die bereits in vollem Gange waren. Da fiel es nicht so auf, wenn man dazu stieß.

Aus einem der Räume drangen Geräusche. Ein paar der Gäste (alle männlich), standen in den Flur gedrängt, den Blick in den Raum, hinter dem ich ein Wohnzimmer erahnte. Eine Frau stöhnte rhythmisch. Dazu hörte man ein ordentliches Klatschen. Ansonsten: Totenstille. Dieses Geräusch war mir äußerst vertraut. So viele Male hatte ich es in Ohren gehabt. Fleisch, das gegen Fleisch prallt.

Erst als das Klatschen endete und Gespräche einsetzten, traute ich mich, näher zu treten. Die Männer machten mir Platz. Endlich konnte ich etwas sehen. Verhalten schielte ich in den Raum, stutzte. Überall Männer, alles voller Männer. Testosteron-gebeutelte Typen, die es nötig hatten. Einige standen in einer Schlange, andere saßen auf der Sofalandschaft herum und starrten. Auf einem unorganisierten Podest aus Kissen hatte man ein Mädchen aufgebahrt. Kopf und Schulterpartien waren unter einem hellblauen Laken verschwunden. Der Rest ihres Körpers war unbekleidet und schaute heraus. Ihr Becken lag auf einem Stapel Kissen, sodass ihr Hintern in die Höhe ragte. Das also war Schneewittchen. Bereits zu diesem frühen Zeitpunkt hatte sich meine Aufregung irgendwo hinter der ganzen Verwunderung verloren.

Neben dem Mädchenkörper stand ein Mann – anscheinend der Gastgeber. Er wies die Anwärter an, sich in Reih und Glied zu stellen, bevor sie Schneewittchen nahmen. Hier herrschte strengste Ordnung. Ich nickte anerkennend. Eine wirkliche Meinung hatte ich noch nicht. Während des ganzen Abends stand ich einfach nur da, schaute zu, grübelte. Dabei wechselte ich einige Male meinen Posten, um das Geschehen aus einer anderen Perspektive zu verfolgen. Viele der Zuschauer hielten ihre Schwänze in den Händen und wichsten unentwegt. Die meisten jedoch bedienten sich an den beiden Löchern, die zur Benutzung freigegeben waren. Ich aber stand nur da. Wie festgewachsen stand ich da, wusste nicht, was ich denken oder fühlen sollte. Da war weder Verlangen noch wirkliche Langeweile. Es war, als wäre ich unsichtbar, gehörte nicht dazu. Mehr und mehr wuchs ein Berg aus Fragen in mir heran. Fragen, die ich dem Menschen hinter den Körperöffnungen stellen wollte. Während ich auf ihre geweiteten Löcher starrte und das Stöhnen des Mädchens vernahm, fragte ich mich, was wohl ihre Beweggründe waren, sich benutzen zu lassen. Im Gesicht des Gastgebers suchte ich nach einer Antwort. Freude lag darin, Sadismus, wenn sie schrie. Und mit einem Mal war ich sicher: Schneewittchen war nicht freiwillig hier. Dutzende gierige Frauen hatte ich in der Szene getroffen. Vollblutschlampen, die sich gern benutzen ließen und nymphomane Tendenzen aufwiesen, aber so etwas hatte ich niemals erlebt.

Die Nacht neigte sich dem Ende zu, aber das Gesicht des Mädchens blieb allen verwehrt. Nicht einmal, als sie von ihrem Gebieter aus dem Raum geführt wurde, um kurz in einem zweiten Zimmer oder im Bad zu verschwinden, wurde das hellblaue Laken gelüftet. Es wurde 2 Uhr, 3 Uhr, die Gäste wurden immer weniger. Irgendwann gingen die Kerzen aus und das Licht an. Die Türdame klatschte in die Hände, forderte die Aufmerksamkeit der Übriggebliebenen. Die Show war vorbei. Gerade wollte ich mich damit abfinden, dass das Gesicht des Mädchens ein ewiges Geheimnis bleiben sollte, da begab sie sich in eine aufrechte Position und zog sich das Laken selbst vom Kopf. Natürlich war ich nicht der Einzige, der sie anstarrte, aber vermutlich war ich der Einzige, der Mitleid empfand. Einen gelockten Pagenkopf hatte sie und war älter, als ich bei diesem Körper vermutet hatte, ca. Mitte dreißig. Wie gern hätte ich sie im Arm gehalten, ihr das schweißnasse Gesicht gewaschen, die rosigen Wangen geküsst. Nie zuvor hatte ich so empfunden. Frauen waren stets Lustobjekte gewesen, die ihre Zustimmung gaben, selbige zu sein – somit eine Komplizenschaft mit mir eingingen. Zu keiner Zeit aber hatte ich den Wunsch, eine von ihnen zu retten. Jemand musste Schneewittchen von dem Gift in ihrem Leib befreien, sie küssen, sodass sie erwachte, steigerte ich mich weiter hinein. Irgendjemand musste etwas tun, vielleicht sogar ich.

Schneewittchen aber lächelte. Das war unfassbar. Ihr Besitzer, Freund, Ehemann, Zuhälter oder was auch immer er war, führte sie an der Hand heraus. Im Vorbeigehen zwinkerte sie mir zu. Zumindest glaubte ich, dass ich gemeint war. Was ich nicht glaubte, war, dass Schneewittchens Lächeln echt war. Es war eine Täuschung. Schlimmer noch: ein Befehl, den sie ausführte.

In den folgenden Wochen war ich verändert. Das WG-Zimmer verließ ich nur noch, um zu arbeiten, ich kam nach Hause und blieb, sogar an den Wochenenden. Meine Lust auf die Frauen war verschwunden. Es war unglaublich. Immer wieder musste ich an Schneewittchens Lächeln denken, an ihre Augen, ihren schmalen Mund, den ich so gern geküsst hätte. Auch an das Zerrbild ihrer Körperöffnungen, an die vielen Männer, die in ihr gesteckt hatten, sie zum Schreien gebracht hatten. Diese Bilder passten nicht zusammen. Wut stieg in mir auf. Etwas musste getan werden. Man musste Schneewittchen von dem bösen Zauber erlösen.

Als ich dann einer engen Freundin und Gespielin davon erzählte, sagte diese: »Du hast dich verliebt, ganz einfach.« Das wäre eine mögliche Erklärung, dachte ich. Auch das Stechen in meiner Brust bestätigte dies.

Tage später: Mit aller Kraft hatte ich versucht, meine Gefühle unter Kontrolle zu bringen. Mit Frauen, Alkohol und Woody-Allen-Filmen. Mal gelang es mehr, mal weniger. Eines Abends lief auf meinem Heimweg ein Hit aus den Achtzigern im Radio. Erinnerungen kamen hoch. Wie jung ich damals gewesen war, wie neugierig und unverdorben. Plötzlich presste ich den Fuß auf die Bremse. Man konnte von Glück reden, dass hinter mir kein anderes Auto war, sonst hätte ich einen Unfall verursacht. Doch selbst das hätte mich wohl in diesem Moment nicht gestört. Am Straßenrand hatte ich sie gesehen: Schneewittchen. Ganz in Marineblau, ihre Locken schauten unter einer Mütze hervor. Sie war es, ganz sicher. Rückwärts fuhr ich in eine Einfahrt, stellte den Motor ab, stieg aus. Sie stand am Straßenrand, mit einem Zettel in der Hand. Genau konnte ich es nicht erkennen. Als ich in ihre Richtung ging, blickte sie auf, kam ebenfalls auf mich zu. Ob sie mich erkannt hatte?

Nach 20 Metern war ich nicht mehr sicher und kurz, bevor wir einander erreichten, wusste ich: Sie war es nicht. »So können Sie da aber nicht stehen bleiben«, sagte die Dame. Eine Politesse, nicht annähernd so liebreizend wie Schneewittchen. Ich kassierte einen Strafzettel und einen Denkzettel. Die Liebe ist nicht schön, dachte ich.

Am nächsten Tag kramte ich die Anzeige heraus, wählte Schneewittchens Nummer und erkundigte mich nach der nächsten Party. Tatsächlich sollte sie in zwei Wochen stattfinden. Wie ein Teenager fieberte ich jenem Abend entgegen. Genau wusste ich nicht, wie ich vorgehen sollte, aber dieses Mal würde ich in dem Moment, wo sie ihr Gesicht enthüllte, nicht tatenlos herumstehen, sondern handeln.

Jener Abend kam. Um den Anblick ihres Leids möglichst zu vermeiden, traf ich erst gegen 1.30 Uhr auf der Party ein. Von Stockwerk zu Stockwerk stieg meine Aufregung. Oben angekommen die Überraschung: An der Tür stand nicht die Dame der letzten Party, sondern Schneewittchen selbst. Sie war geschminkt und trug einen grünen Kapuzenpullover zu einer schwarzen Stoffhose.

»Je späta der Ahmt, desto schöner die Jäste«, begrüßte sie mich. Kurzerhand erstarrte ich zu einer Salzsäule. »Kommse ma rinn, junger Mann, nur nich so schüschtern«, berlinerte sie weiter.

»Schneewittchen?«, brachte ich endlich über meine Lippen. »Ne, ick bin die Jessy, Schneewittschen is drinne.« Ungläubig starrte ich mein Schneewittchen an. Sie war so verändert. »Ich kann dich mitnehmen, wenn du willst. Du wirst ein gutes Leben führen«, stotterte ich und wusste längst nicht mehr, was ich da redete. »Kalle!«, rief das blonde Schneewittchen in die Wohnung hinter sich. »Hier is schon wieder Eener, der globt, mir retten zu müssn.« An diesem Punkt begann ich zu verstehen. Bei der nächsten Party erschien ich pünktlich. Telefonisch hatte ich mir Auskunft geben lassen, wann Jessy ihre nächste Darbietung als Schneewittchen haben würde. Ich war einer der Ersten, der sie benutzen durfte.

Die üblichen Verdächtigen

Marla (28), Kaufhausdetektivin, Berlin, über Inge (ca. 30), Berlin

Als Kaufhausdetektivin muss man achtsam sein. Jeden Zentimeter, jedes einzelne Regal des Kaufhauses sollte man kennen, auch die Positionen der Kameras. Sein Hauptaugenmerk sollte man aber auf die toten Winkel legen. Die Ecken, in die es keine der Kameras schafft. In jedem Kaufhaus gibt es sie, diese Ecken, ganz egal wie sehr man versucht, sie zu umgehen. Begabte Diebe wissen um diese Sicherheitslücke und nutzen sie gern für sich. Manchmal schleichen sie tagelang in den Kaufhäusern umher, um sie auszuspionieren.

Wo die Technik versagte, kamen wir ins Spiel. Ein Sicherheitsteam aus vier Leuten. Drei Männer, eine Frau. In meinem Beruf traf man selten Frauen, noch seltener welche, die gut aussahen. Wahrscheinlich wäre mein Aussehen in anderen Berufen förderlich gewesen, aber ich hatte mir nun mal den Sicherheitsbereich ausgesucht und musste mein Können anderweitig unter Beweis stellen. Keine einfache Aufgabe. Vor allem dann nicht, wenn es an Chancen fehlte. Dabei war ich absolut teamfähig.

In den Anfängen hörten sie mir nicht einmal zu, selbst wenn ich tatsächlich einen Verdächtigen im Visier hatte. Es wurde abgewartet, bis sie selbst etwas Fragliches sahen, erst dann zugegriffen. Zugriff – das war der Moment, in dem sich unser Verdacht bestätigte und es eindeutig einen Diebstahl zu verzeichnen gab. Dann umzingelten wir die Verbrecher, gaben vorher den Sicherheitsleuten an der Tür Bescheid und schnappten sie uns, griffen zu. Meine Kollegen Gregor, Micha und Frank hatten das Sagen, ich musste folgen. Das zeigten sie mir deutlich. Wenn wir gemeinsam in einem Raum saßen, ignorierten sie mich. Sobald ich ihnen den Rücken zuwandte, starrten sie mir auf den Hintern. Auch das spürte ich. Frank war regelrecht verlegen, sobald ich das Wort an ihn richtete. Micha und Gregor dagegen waren einfach nur unfreundlich. Ich wartete auf meine Chance, wartete darauf, ihnen zu beweisen, dass ich mehr konnte als nett auszusehen. 15 Jahre Kampfsport, so stand es in meinem Lebenslauf, und auch die drei Jahre Berufserfahrung in Kaufhäusern. Dennoch: von Respekt keine Spur. Bevor meine Probezeit nicht vorüber war, wollte ich es nicht drauf ankommen lassen, indem ich mich widersetzte, das Problem ansprach. Also schwieg ich. Still und leise wartete ich auf eine Gelegenheit.

Eines Nachmittags, ich glaube, es war ein Samstag. Wir hatten schon eine Weile tatenlos umhergestanden, waren die üblichen Runden gelaufen, hatten uns schließlich alle im Raum mit den Monitoren versammelt. In der Basis, wie Frank zu sagen pflegte. Eher zufällig als gewollt. Alle, bis auf Micha, der gerade an zwei 18-jährigen Mädels in der Unterwäscheabteilung dran war. Zwischendurch versorgte er uns über Funk mit den nötigen und unnötigen Informationen. Notwendig waren jene, die seinen Verdacht bestätigten und uns auf Bereitschaft schalten ließen. Unnötig dagegen waren Kommentare über die Körbchengröße der beiden. Auch das gehörte in meinen Alltag hier. Ich lächelte matt.

Da entdeckte Frank eine merkwürdige Gestalt. »Ey, schaut euch den mal an«, rief er aufgeregt. Gregor und ich schauten auf die Bildschirme. Spontan fing ich an zu lachen. Was ich sah, amüsierte mich. »Soll das witzig sein?«, fragte Gregor. »Der Typ könnte Ärger bedeuten«, fügte Frank knurrend hinzu. Mein Lachen versiegte. Doch glaubte ich nicht, dass die Gestalt auf dem Bildschirm tatsächlich Ärger ankündigte. Vielleicht Aufsehen, ja, aber Ärger? Nein, ganz sicher nicht. Damit kannte ich mich aus.

Bei der verdächtigen Person handelte es sich um einen 2 Meter großen, sehr schlanken Mann, ganz in schwarzes Latex gehüllt. Sogar das Gesicht wurde von einer Maske bedeckt. Seine Körpergröße verdankte er den Plateausohlen unter seinen Füßen. Ich schätzte seine eigentliche Körpergröße auf 1,80 Meter. Um seinen Körper schlängelte sich eine pinkfarbene Stola und auf dem Rücken trug er einen kleinen schwarzen Rucksack mit Engelsflügeln, ebenfalls pink. Stolzen Schrittes und selbstverständlich, als wäre sein Outfit keinesfalls fremdartig, stelzte er durch die Regale. Wie gebannt starrten meine Kollegen auf die Monitore. »Was hat der vor?«, fragten sie. »So geht das aber nicht. Der vergrault uns doch die Kunden.«

Ich schmunzelte. Noch gab es keinen Anlass, den Latexfreund des Hauses zu verweisen. Er trug zwar ein seltsames Outfit, zeigte aber weder zu viel Haut noch verhielt er sich sonst irgendwie bedenklich. Ja, unseren Gästen fiel er auf, doch keiner zeigte nachhaltiges Interesse oder fühlte sich belästigt. Nach wenigen Sekunden des Erstaunens widmete sich jeder wieder seinem Einkauf. Großstädte bringen nun mal schräge Vögel hervor, deren Flugrichtung wir nicht grundsätzlich verstehen müssen.

Unser Haus galt als kundenfreundlich, das wurde uns immer und immer wieder von der Geschäftsleitung eingebläut. Zugriff nur dann, wenn wirklich die Regeln verletzt wurden, ansonsten nur beobachten. Das taten die beiden Jungs auch. Inzwischen hatten sie Micha in Kenntnis gesetzt, dass er auf Bereitschaft gehen solle, denn im Erdgeschoss gäbe es eine Person, die bald Ärger machen würde, da waren sie sich ganz sicher. Er solle sich auf das Schlimmste gefasst machen.

In diesem Moment wurde mir bewusst, mit wem ich da eigentlich seit fast drei Monaten zusammenarbeitete. Solange es bloß die üblichen Verdächtigen waren, solange sie Langfinger und Trickbetrüger fertigmachen durften, sie »rundmachen« konnten, wie Gregor es nannte, waren sie zufrieden. Dann waren sie ihn ihrer Welt. Neue Situationen brachten die vermeintlich harten Kerle aus dem Gleichgewicht. Auf Monitor drei tauchte Micha auf, der sich langsam zu dem Kosmetikregal vortastete, an dem der Latexfreund stand. Unauffällig warf er Kamera drei einen bedeutungsschwangeren Blick zu. »Er hat ihn, er hat ihn«, rief Gregor. »Nu biste dran, Freundchen«, folgte Frank.

Das war der Moment, als mir der Kragen platzte. »Was ist eigentlich los mit euch? Auf Kamera fünf laufen viel problematischere Gestalten rum. Die solltet ihr euch mal lieber vornehmen. Der Typ da will ganz sicher nichts klauen.« Synchron drehten sich zwei Köpfe in meine Richtung. »Ach ja? Ich glaube nicht, dass du da mitreden kannst. Ich bin seit zwanzig Jahren im Geschäft. Ich kenne diese

Exhi, Exhi …« begann Gregor seine Rede und Frank half ihm aus. »Exhifetischisten.«

»Ja, genau die!«

Vollidioten. Die Lage war schlimmer als ich dachte. Nun hieß es: Warten. Darauf, dass nichts geschah, der Latexfreund seinen Einkauf beendete und die Jungs sich wieder beruhigten. Mit Gegenargumenten und einem Fremdwörterlexikon konnte ich ihnen leider nicht kommen. Bloß die Zeit würde zeigen, dass ich richtig lag.

Leider passierte dann etwas, das mich persönlich zwar nicht störte, wohl aber gegen die Hausordnung verstieß. Die aufgeregte Stimme Michas ertönte über das Funkgerät: Ey, die Schwuchtel macht hier Fotos von sich.« Tatsächlich, Mr. Latex hatte eine kleine Kamera dabei, die er zwischen die Kosmetikartikel gestellt hatte, und begann via Selbstauslöser, Porträts von sich zu schießen. Dabei zog er wilde Grimassen. Das allein hätte die Hausordnung wahrscheinlich noch nicht verletzt, obwohl Gregor, Frank und Micha da anderer Meinung waren. Was aber eindeutig nicht mehr akzeptabel war: Er begann zu tanzen und sich dabei zu streicheln. Mit den Händen fuhr er seinen Körper hinauf, wieder hinab. An diesem Punkt musste selbst ich einsehen, dass das Wort Zugriff, das nun schon mehrmals gefallen war, seine Berechtigung hatte. Micha aber, der nur wenige Meter entfernt stand, griff nicht zu. Stattdessen versuchte er, Gregor und Frank dazu zu bewegen, ihm zu helfen. Die beiden sahen aber ganz und gar nicht ein, weshalb sie ihren Posten verlassen sollten, wenn er doch direkt daneben stand. Außerdem wäre Marla, also ich, doch noch nicht so geübt, was die Überwachung der Kameras anging, deshalb dürften sie mich nicht allein lassen. Während sie das sagten, war ich bereits auf dem Weg in die Verkaufshalle. Das Klacken der Tür war das Letzte, was sie hörten, bevor sie mich einige Sekunden später auf der Kamera beobachteten. »Marla, was machst du? Das kannst du nicht allein«, sagte Micha, als ich ihn passierte. »Geh zu den Jungs, dann kannst du zuschauen und bist in Sicherheit«, sagte ich verächtlich. Die Folgen meines patzigen Verhaltens waren mir inzwischen egal.

Der Latexfreund lächelte, als er mich sah. Ich erklärte ihm, dass ich sein Outfit auch sehr reizvoll fände. Dafür bedankte er sich schüchtern, stellte sich mit dem Namen Inge vor, machte einen Knicks. Als Nächstes wies ich ihn auf die Hausordnung hin und dass er hier auf keinen Fall weiterhin Bilder machen dürfe. Das verstand er sofort, sagte dann aber bedrückt: »Das wird meine Herrin mir sehr übel nehmen, aber nun ja, die Hausordnung geht vor.« Mein Funkgerät machte sich bemerkbar. Aus dem Hinterzimmer verfolgten die Jungs gespannt das Geschehen, da war ich sicher. Ich schaltete es ab. Auch das war gegen die Ordnung. Weiterhin lauschte ich der Geschichte des geknickten Mannes, der dabei war, seine Kamera einzupacken. Seine Herrin hatte ihm befohlen in diesem Outfit in ein Kaufhaus zu gehen und mindestens dreißig Selbstporträts zu schießen, möglichst exorbitante. Wenn nicht, würde sie sich für eine Weile zurückziehen und ihn durch Missachtung bestrafen.

Ich hatte nicht viel Ahnung von den Regeln der SMler. Zwar hatte ich schon öfter an der Tür diverser Fetischpartys gearbeitet, aber ich kannte mich nicht wirklich aus. Diese Strafe aber verstand selbst ich als etwas Grausames und bekam Mitleid. »Wie viele Bilder hast du schon?«, fragte ich.

Ein Lächeln umspielte den Mund meines Gegenübers. Im Gegensatz zu Gregor, Micha und Frank schien er nicht auf den Kopf gefallen zu sein. »25«, sagte er.

»Wenn du mir versprichst, dass du nach fünf weiteren Bildern sofort abhaust, dann darfst du sie noch machen.« Ohne zu Zögern, wollte er die Kamera zücken, da hielt ich ihn auf. »Nicht hier«, sagte ich, schnappte sein Handgelenk, zog ihn mit mir. Wir verschwanden hinter einem Regal, aus der Reichweite von Kamera drei, stoppten kurz vor Kamera vier, im toten Winkel. »Ducken!«, befahl ich, um der Möglichkeit zu entgehen, dennoch gesehen zu werden. Wenn nicht von einer Kamera, dann vielleicht von einem der Jungs persönlich. »Beeil dich«, flüsterte ich. Inge spurte. Er hockte zwischen den Regalen, schoss so schnell er konnte seine Bilder. Bei den letzten dreien war ich behilflich. Vorsichtig erhob ich mich. Die Luft schien rein. Auch Inge erhob sich zwischen den Regalen. »Jetzt nur nicht wundern«, sagte ich, griff wieder nach seinem Handgelenk, sodass es nach einer Überführung aussah, und führte ihn aus dem toten Winkel. Wir waren wieder sichtbar. »Vielen Dank«, flüsterte Inge kurz vorm Ausgang. Den Jungs an der Tür nickte ich kurz zu, als Zeichen, dass ich alleine klarkam. Ein letzter Knicks von Inge und schon war er verschwunden.

Auf dem Weg zurück machte ich mein Funkgerät wieder an. Sofort wurde ich angefunkt. »Gute Arbeit, Marla. Aber beim nächsten Mal hörst du bitte sofort auf mich. Ich hab eben mehr Erfahrung.« Gerade wollte ich mich aufregen. Wo nahmen die drei bloß ihre Arroganz her? Da funkten sie mich erneut an. »Marla, schau mal die Typen bei Kamera fünf, da bei den Handtaschen. Du hattest recht, die sind verdächtig. Zugriff, Marla, Zugriff. Ich schicke dir Micha als Verstärkung.«

Von diesem Tag an gehörte ich dazu, als vollwertiges Mitglied der Crew. Dennoch kündigte ich noch vor Ablauf meiner Probezeit. Mir war es einfach nicht mehr möglich, meine Kollegen ernst zu nehmen.

Weibliche Intuition

Merlin (40) Beamter, Berlin,
über Ida (33), Flughafenangestellte, Berlin

Als verantwortlicher Erzieher einer schönen Frau fühlte ich mich schon immer in der Pflicht, eine Beziehung lebendig zu halten. So überlegte ich mir stets neue Gemeinheiten, um meine Gespielin Ida bei Laune zu halten. Wie ein kleiner Junge heckte ich Ideen aus, immer wieder neu, immer wieder anders. Ida mochte das. Um den Kitzel zu potenzieren, kündigte ich bereits Tage zuvor an, dass ich etwas mit ihr vorhatte. So gut wie nie gab es Widerworte.

An diesem Tag aber, als ich Ida von meinem Vorhaben erzählte, erklärte sie, sie habe ein komisches Gefühl, eine dieser Ahnungen, dass etwas passieren würde. Ida hatte mich eindringlich angesehen, doch schließlich eingesehen, dass weibliche Intuition kein Argument sein konnte. Für mich stand fest, dass ich meinen Plan durchziehen wollte und Idas Empfindung einzig und allein ihrer Angst vor dem Unbekannten entstammte.

Die Entscheidungen traf ich und ich hatte meine Gründe. Zu keiner Zeit zweifelte Ida daran. Sie hatte ihren Willen in meine Hände gelegt, weil es ihr Wunsch war. Wichtig war, dass sie verstand, dass sie meiner Entscheidung vertrauen konnte. Ob ihr diese gefiel oder nicht.

An jenem Morgen wartete ich in der Garage auf sie. Ich hatte sie ausschlafen lassen und einige Vorkehrungen getroffen, damit das Spiel funktionierte. In der Küche hatte ich für ein ausgiebiges Frühstück gesorgt. Neben dem Teller lag der obligatorische Aufgabenzettel. Wir hatten festgestellt, dass schriftliche Aufgaben das Kopfkino anfachten und es dabei zu weniger Missverständnissen kam. Auf diese Weise wuchs die Spannung. Auch heute zeigte das kleine Stück Papier, mit meiner Handschrift darauf, seine Wirkung. Nackt und wohlriechend stand Ida pünktlich in der Garage und streckte ihre Handgelenke in meine Richtung. Es machte klick, dann klack, und Ida war meine Gefangene. Ein wenig nörgelte sie noch über das kühle Metall der Handschellen, doch schließlich lächelte sie. Wie abgemacht kletterte sie ganz ohne Murren und Knurren in den Kofferraum meines Wagens. Ein Gefühl des Triumphs überkam mich. Bisher lief alles wie geplant, ohne dass eine von Idas jähen Vorahnungen uns die Lust nahm.

Im Auto ging ich alles noch einmal durch. Ich würde in den Wald fahren, in die Nähe des Golfplatzes. Die Auswahl des Waldstücks war nicht sonderlich attraktiv für Spaziergänger. Das lag daran, dass ab und an die Bälle der Golfer über den Zaun flogen. Dies hielt die Passanten fern, sodass ich mir Ida ohne störende Zuschauer vornehmen konnte. Sollte sie der ein oder andere Golfball treffen, war das höchstens von Vorteil. Das Miststück konnte sich auf einiges gefasst machen. In letzter Zeit hatte sie sich mehrfach widersetzt. Bisher ohne Folge. Für den weiteren Ablauf hatte ich mir etwas einfallen lassen. Mein Freund Ralf hatte sich bereit erklärt, mit seinen Hunden das Waldstück wie zufällig zu durchqueren. Dabei würde er auf die nackte, an den Baum gefesselte Ida treffen. Wichtig war, dass er dabei so tat, als sei diese Begegnung das Natürlichste auf der Welt. Vielleicht würde er kurz stehen bleiben, den Hund schnuppern lassen, grüßen und weitergehen. Ida würde vor Scham im Boden versinken, soviel stand fest. Sie kannte Ralf zu diesem Zeitpunkt nämlich noch nicht.

Voller Vorfreude fuhr ich also zum besagten Waldstück, parkte meinen Wagen, entriegelte den Kofferraum, verschwand im Wald. Eine meiner Anweisungen war, dass Ida noch ein paar Minuten im Kofferraum verweilen sollte. Durch den kleinen Spalt sollte sie die Lage auskundschaften und schauen, ob die Luft rein war. Natürlich hatte ich ihr verschwiegen, dass das Waldstück menschenleer war, sodass die öffentlichkeitsscheue Ida mit klopfendem Herzen aus dem Wagen schleichen würde. Die Angst davor, entdeckt zu werden, war größer als ihre Angst vor ihrer bevorstehenden Behandlung. Ihr war bewusst, dass ihre Aufmüpfigkeit der letzten Tage Folgen nach sich ziehen würde.

Nach kurzer Zeit quälte sich Ida mit gefesselten Handgelenken aus dem Wagen. Unentwegt drehte sie sich um, huschte die Böschung hinauf, direkt in meine Arme. Sogleich kamen meine frisch gewachsten Bondageseile zum Einsatz. Mit Blick durch die Veräste-lungen der Sträucher auf den Abschlag von Loch 2 des Golfplatzes fixierte ich sie an einem Baum. Um die Golfer sorgte ich mich nicht. Ich spreche aus Erfahrung, wenn ich sage, dass für diese Abteilung Mensch nichts weiter zählt als die kleine weiße Kugel.

Meine verschnürte Freundin hatte inzwischen bemerkt, dass wir ungestört zu sein schienen. Dumm war sie ja nicht. Dessen unge-achtet kam ihr nun wieder ins Bewusstsein, was sie zu erwarten hatte, und ihre Miene ließ diesen Grusel erkennen: Eine Mischung aus Vorfreude und Furcht. Es war kein wirklich warmer Tag und doch konnte ich sehen, wie sie schwitzte. Ihre kleinen Brüste waren aus der Fesselung heraus geschnürt, die harten Nippel standen in Richtung Baumkrone. Ich zog daran, entlockte Ida lustvolle Laute, machte weiter, genoss ihre Schreie, ihr Stöhnen, zog weiter und fes-ter, drückte, ziepte, zerrte daran. Ida schrie, sie schrie in den Wald hinein und hinaus auf den Golfplatz. Ich hoffte, dass der Wind günstig stand und Idas Schreie in eine andere Richtung wehten. Die Golfer könnten uns entdecken. Aber Ida war so schön in ihrem Leid. Ihr Gesichtsausdruck, die Augen, die sie abwechselnd aufriss und fest zusammenpresste. Ich war ihr verfallen, wollte mehr, war im Rausch. So vergaß ich alles um mich herum. Ihre Nippel waren rot und glühten, wie ihre Wangen. Ich schob eine Hand zwischen ihre Beine. Es gefiel ihr. Nicht bloß ein wenig. Nun gab es Ohrfeigen. Für jede einzelne forderte ich eine Entschuldigung. Wir waren mitten-drin, mitten in uns. Miteinander.

Wie bei jedem unserer Spiele erreichte Ida irgendwann einen Punkt, an dem sie wütend wurde und sich auflehnte. Das war der Moment, in dem mir mein Freund Ralf wieder in den Sinn kam. Genau jetzt, da Ida in Rage war, wäre der perfekte Augenblick für eine kleine Überraschung. Ich schaute auf die Uhr. Eigentlich müsste er bald hier sein. Um mich zu vergewissern, entschloss ich mich, ihn anzurufen. Die wutentbrannte Ida ließ ich allein. Sie schimpfte und schrie, dass ich gemein sei und sie jetzt auf keinen Fall allein lassen dürfe. Ihre Wut war mir ein Fest. Etwas abseits versuchte ich, Ralfs Nummer zu wählen. Kein Empfang. Ralf konnte nicht weit sein. Er würde jede Minute hier sein, bestimmt. Also blieb ich in einiger Entfernung stehen und betrachtete meine schöne Frau von der Seite. Da ihr Kopf am Stamm fixiert war, konnte sie mich höchstens aus dem Augenwinkel erahnen. Die Golfer spielten in aller Ruhe ihre Bälle und schienen nichts bemerkt zu haben. Eine gute Gelegenheit, meine Süße zu erschrecken. Von Ralf war ja noch nichts zu sehen und die Zeit wollte ich nutzen.

Ich entfernte mich ein Stückchen, stapfte die Böschung hinab, um mich erneut von hinten an den Baum zu pirschen und Ida zu erschrecken. Mit viel Geraschel und Geknister näherte ich mich also dem Baum. Langsam legte ich meine Hände um Idas Hals. Ida schrie nicht. Sie sagte lediglich meinen Namen. So ruhig und gefasst, als wolle sie mir etwas mitteilen. Und in diesem Moment hörte ich eine weitere Stimme: »Keine Bewegung! Hände ganz langsam hochheben!«

Wie von selbst hob ich die Hände, sah mich um und traute meinen Augen kaum. Acht maskierte Polizisten mit Maschinenpistolen, Helm und kugelsicheren Westen waren wie Pilze aus dem Boden geschossen. Jemand hatte uns tatsächlich das SEK auf den Hals gehetzt. Meine Güte. Ich war nicht sicher, ob ich stolz sein – denn dies war besser als jeder gefakte Fußgänger – oder Respekt haben sollte, entschied mich dann aber für Letzteres. Sie hatten den Baum regelrecht umzingelt. Mein Herz war außer Kontrolle, meine Knie butterweich. Glücklicherweise hatte ich mich meiner Kleidung noch nicht entledigt. Ida konnte das nicht von sich behaupten. Geistesgegenwärtig rief sie: »Ich kann meine Hände nicht heben, ich bin gefesselt!«

»Das sehen wir«, antwortete einer der Maskierten. Ganz schön frech, die Jungs. Aber ich war nicht mehr in der Position, unverschämt zu sein, also hielt ich den Mund. Obwohl mir klar war, dass ich mir nichts hatte zuschulden kommen lassen, hörte mein Herz nicht auf zu rasen. Einer der Polizisten rückte näher, drückte mich gegen den Baum, durchsuchte meine Jacken- und Hosentaschen.

Was sie fanden: Klammern, eine Gerte, einen Dildo. Was sie nicht fanden: dass ich unschuldig war. Derweil versuchten zwei weitere Männer, Ida die Handschellen abzunehmen, und scheiterten kläglich. Mittelaltermarkt sei Dank, gute Dinger. »Der Schlüssel ist im Auto«, verriet ich kleinlaut und fügte hinzu: »Das ist nicht das, wonach es aussieht. Wir spielen nur.«

Schweigen im Walde. Niemand ging auf mich ein. Mein Autoschlüssel wurde beschlagnahmt und zwei weitere Gestalten gingen zu meinem Wagen. Kurze Zeit später waren sie zurück, befreiten Ida. Ich durfte meine Hände runternehmen, musste ihnen folgen. Auf dem Weg zum Parkplatz wollte ich Ida mein Hemd geben, sie war ja noch nackt. Sogleich stellten sich zwei Männer in den Weg, nahmen mir das Hemd ab. »

Wollen sie das überhaupt?«, fragten sie Ida, voller Überzeugung, dass ich ein Verbrecher war. Ida nickte, nahm das Hemd. Warum sagte sie denn nichts? Sie hätte mich entlasten, mit einem Lachen die Situation entschärfen können. Wieso erklärte sie nicht einfach, dass hier alles einvernehmlich geschah? Ihr hätten sie eher geglaubt als mir. Nicht einmal Blickkontakt nahm sie zu mir auf.

Beim Parkplatz tat sich ein selten bizarres Bild auf. Mein Wagen, umringt von vier Polizeiautos und zwei Wannen, diesen vergitterten Mannschaftswagen. Dann folgte ein Verhör. Ida und ich wurden voneinander getrennt. Ida wurde von zwei Frauen in den ersten, ich von zwei Männern in den zweiten Wagen gebracht. Kurz bevor Ida in der Wanne verschwand, suchte ich ihren Blick. Noch immer war da nichts. Wo war sie nur? Was war passiert? Wollte sie sich gar rächen? Hatte ich etwas falsch gemacht? Was, wenn sie nicht wirklich bei sich war? Was, wenn sie unter Schock Mist erzählte, oder log, um mich zu ärgern? Mein Kopfkarussell kreiste. Ich versuchte, mich zu beruhigen, hoffte auf das Vertrauen, das uns verband, merkte, wie schwer es war, loszulassen, wenn man die Geschehnisse nicht selber steuern konnte. Ida tat dies jeden Tag. Sie vertraute blind. Nun war ich an der Reihe. Und ich versuchte es.

Im Wagen erzählte ich unsere Geschichte, erzählte, dass Ida diese Vorahnung gehabt hatte, witzelte über weibliche Intuition, um die Stimmung zu heben. Jedoch erntete ich bloß eisige Blicke und wurde nur mit Fragen gelöchert, ausgehorcht. Zwei Typen, die ihr Handwerk verstanden, nahmen mich gezielt auseinander. Ich war schweißnass, fühlte mich schuldig. Nach einer Weile, standen sie auf, faselten etwas von Idas Aussage, verschwanden. Vertrauen. Ich musste auf Ida vertrauen.

Gefühlte zwei Stunden, tatsächlich aber nur 30 Minuten später, kamen sie zurück. »Sie können gehen.« Erleichterung überkam mich. Braves Mädchen. Sie hatte mich nicht im Stich gelassen. Aber wo war sie nur? Ich setzte mich in meinen Wagen, trank eine Flasche Wasser, wartete. Ida war noch im Verhör. Einige Minuten später durfte auch sie gehen.

Auf dem Rückweg schwiegen wir eine Weile. Ich wusste nicht, weshalb, aber ich schämte mich. Irgendwann brach Ida das Schweigen: »Sie haben mir Schutz vor meinem bösen Mann angeboten«, grinste sie frech. »Kurz habe ich überlegt, ob ich dich in den Knast wandern lasse.«

An der nächsten Raststätte hielt ich den Wagen, nahm Ida in den Arm, bis wir lachten. »Keine Strafe?«, fragte Ida. Ich schüttelte den Kopf, küsste sie. »Alles zu seiner Zeit.«

Idas Lust auf eine Fortsetzung schien größer als die Versuchung, mir eins auszuwischen. Nur eine Woche später fanden wir eine neue Stelle im Wald, die wir ungestört nutzen konnten. Ich hatte Ida auswählen lassen. Schließlich vertraute ich ihrer weiblichen Intuition seit Neuestem. Selber schuld. Allein die ganzen Brennesseln auf dem Weg dorthin waren es wert. Ich trug ja Jeans.

Was meinen Kumpel Ralf angeht: Zu Hause legte ich Ida in die Badewanne und schaute auf mein Handy. Meine Mailbox enthielt eine neue Nachricht, von Ralf: »Tut mir leid, dass ich nicht da war. Erst konnte ich dich nicht erreichen und dann war da alles voller Bullen. Da muss irgendwas passiert sein.«

Mi casa es su casa

Viktor (35), Illustrator, bei Dortmund,
über Torge (37), Beamter, Köln

Endlich Sommer. Nach einem trüben Winter freute ich mich auf die kommende Saison. Mittelaltermärkte – ich habe eine Schwäche dafür. Gern als Besucher, lieber noch mit einem eigenen Stand. Allerdings nur im Sommer. Den Winter hatte ich genutzt, um meine Wohnung zu verschönern. Hängeregale mit meiner DVD-Sammlung, geordnet nach Genre, geleiteten die Besucher durch den Flur zu den Zimmern. Im Wohnbereich stand ein Gynstuhl aus schwarzem Leder, ein Skelett baumelte an einem Seilzug von der Decke. Weitere Haken an der Wand, für meine Seile und Schlaginstrumente. Ja, mein Reich war für mich zu einem Ort der Inspiration, der Ruhe, und wenn man wollte, der Unruhe geworden. Die Wohnung lag Parterre, in einem Einfamilienhaus. Ländlich ruhig, ungestört, die Nachbarn alt und schwerhörig. Was wollte man mehr? Alles war perfekt ausgerichtet um sich schändlich an den Damen meines Herzens zu vergehen. Doch zuvor stand der erste Mittelaltermarkt des Jahres an. Samstag früh sollte es losgehen.

Einen Abend vorher klingelte mein Handy. Es war Torge, ein Freund aus der Szene. Ich war etwas überrascht, Torge klang besorgt. Er erklärte, dass er mal raus müsse, den Kopf freikriegen und so weiter. Zudem habe er eine Frau kennengelernt. Ich schluckte kurz, dachte an seine Ehefrau. Torge fuhr fort: »Ich machs kurz: Kann ich dieses Wochenende deine Wohnung benutzen?« Wieder schluckte ich, inzwischen trocken.

Gut kannte ich Torge nicht. Aber er machte einen anständigen Eindruck. Also willigte ich ein. Allerdings nicht ohne die Bitte, die Wohnung danach in einem ordentlichen Zustand vorzufinden. Dass er mein Spielparadies nutzen wollte, stand außer Frage. Dafür war es gemacht. Das Einzige, was mich daran störte, war, dass nicht ich derjenige war, der es einweihen würde. Am Morgen meiner Abfahrt platzierte ich den Schlüssel der Wohnung unter dem kleinen getöpferten Schaf meiner Nachbarn. Für diesen Zweck hatte sich das hässliche Ding als nützlich erwiesen. Ansonsten hätte ich es wohl längst aus dem Weg geräumt, natürlich aus Versehen.

Torge wusste Bescheid. Alles war abgesprochen. Schlüssel, Kondome, Kaffee und Gaffer-Tape. All das würde er finden. Der Rest war offensichtlich. Mit dem Gefühl, einem Freund geholfen zu haben, machte ich mich auf dem Weg.

Es wurde später, als ich gedacht hatte. Der Markt war ein voller Erfolg. Zufrieden setzte ich gegen 3 Uhr morgens den Blinker, bog in meine Straße ab. Wie lange nicht, freute ich mich auf mein Bett. Torge hatte versprochen, dieses nach der Nutzung frisch zu beziehen.

»In jedem Fall werden wir schon lange fertig sein, ehe du wieder da bist. Du bekommst uns quasi gar nicht mit.« So seine Worte. Umso überraschter war ich, als sein Auto noch immer in der Einfahrt stand. Flutlicht drang aus den Fenstern der Wohnung. Überall. Leicht verärgert stieg ich aus dem Wagen. Nun hörte ich es: Ein dumpfer Bass hämmerte aus den Räumen, welcher nur ahnen ließ, wie laut die Musik tatsächlich war. Als ich die Wohnungstür öffnete wurde die Musik lauter. Noch lauter, je näher ich dem Wohnzimmer kam. Im Flur lagen Kleidungsstücke auf dem Boden verteilt, zwei fremde Rucksäcke standen herum. »Time for cake and sodomy«, brüllte es aus den Boxen. Im Wohnzimmer angekommen, traf mich der Schlag: Seilreste, klein geschnitten auf dem Boden verteilt. Dazwischen Gaffer-Fetzen, diverses Spielzeug. Ein fremder Dildo, eine Gerte, die nicht meine war. Die Schublade unter meinem Gynstuhl stand offen – lieblos aufgerissen. Ein letztes Seil, welches nicht in Stücke gehackt war, hing heraus. Jedoch: kein Mensch. Fassungslos starrte ich auf das Chaos. Was war hier los? Endlich machte ich die Musik aus. Wie lange lief sie wohl schon? Jemand hatte bei iTunes auf meine komplette Musiksammlung geklickt. Dort befand sich Musik für mehrere Tage.

Erst mal sammeln. Sicher gab es für all das eine Erklärung. Vorerst wollte ich die anderen Räume inspizieren, vielleicht waren die beiden im Schlafzimmer, waren eingeschlafen, hatten den Zeitpunkt ihres geplanten Rückzugs verschlafen. Die Seile würde Torge mir natürlich ersetzen müssen. Noch während ich diese Dinge in meinem

Kopf hin und her schob, fiel mein Blick auf ein Detail, das mir vorher entgangen war: mein Skelett. Es saß auf dem Boden, sein Kopf lehnte an der Wand. Auf dem Schädel klebte etwas. Farbe oder … Ein Schreck jagte mir durch den Leib … Blut! Was war hier geschehen?

Mein Blick fing an zu suchen, wanderte durch die vielen schwarzen und beigefarbenen Fetzen am Boden, suchte gezielt, stoppte bei einem Messer. Fast hätte ich es aufgehoben. Doch man kannte es ja aus Filmen. Nichts berühren, bevor die Polizei da war. Daran hielt ich mich. Wie ein Fremder pirschte ich mich durch mein Atelier. Hier schien alles in Ordnung zu sein. Kurz vor dem Schlafzimmer war ein Fleck auf dem Boden: Blut. Schon wieder. Die Tür war geschlossen. Vorsichtig drückte ich die Klinke hinunter, trat ein. Auch hier: keine Menschenseele. Dafür: Spuren der Verwüstung. Blut auf dem Nachttisch, die Schublade offen, ein Handabdruck auf dem Bett. Wo waren die beiden? War Torge womöglich nicht nur mit einer Person hier gewesen? Vielleicht war er an die falschen Leute geraten, an Verbrecher, Satanisten … Wo war ich da nur hineingeraten?

Auf dem Weg in den Flur griff ich nach meinem Handy. Ich wählte Torges Nummer aus dem Verzeichnis, führte das Telefon zum Ohr. Es klingelte, einmal, zweimal. Etwas lenkte mich ab. Da waren Abdrücke an der Wand, blutige Handabdrücke. Als hätte sich jemand an der Wand entlang getastet. Ich stellte es mir vor: Torges Opfer – eine junge, schöne Frau. Wie sie mit letzter Kraft versucht, Halt zu finden, Torge zu entkommen. Der Spur folgend, bog ich ab. Jemand hatte meine Badezimmertür zertrümmert. Ein großes Loch prangte über der Türklinke. Als ich das Bad betrat, hörte ich die Stimme einer Frau. Sie kam aus dem Handy, welches ich vor Schreck hatte fallen lassen. Schnell hob ich es auf. »Hallo?«

»Ja, jetzt höre ich dich. Viktor, bist du es?« Torges Frau. Verdammt, aus Versehen hatte ich seine Festnetznummer gewählt. »Ähm, ja«, stammelte ich. »Ich wollte wissen, ob Torge da ist.« Kurz wurde es still am anderen Ende der Leitung. »Ich dachte«, Pause. »Ich dachte, der sei mit dir unterwegs?« Das Chaos war perfekt. Schnell die Situation retten. »Jaja, das war er auch. Ich wollte nur wissen, ob er gut zu Hause angekommen ist. Er hatte ein bisschen viel getrunken, weißt du. Da habe ich mir Sorgen gemacht.«

»Viktor, es ist mitten in der Nacht! Und nein, Torge ist noch nicht da!«, sagte sie gereizt und legte auf. Aber ich hatte andere Sorgen. Inzwischen hatte ich meinen Kopfkissenbezug am Boden gefunden, voller Blut. Wieso half ich diesem Idioten überhaupt, sein Alibi sauber zu halten? Obwohl ich mir sicher war, dass mein Anruf auf Torges Handy nichts bringen würde, rief ich an. Zu meiner Überraschung ging nach wenigen Sekunden jemand ran. Mit den Worten: »Viktor, bitte nicht aufregen. Ich kann alles erklären. Gleich Morgen komme ich vorbei und helfe dir beim Aufräumen.«

»Aufräumen?« Ich war fassungslos. »Aufräumen? Meine Wohnung ist voller Blut. Was ist hier passiert? Steckst du in Schwierigkeiten?« Torge wiederholte sich: »Bitte reg dich nicht auf, ich werde dir morgen alles erklären.« Auf diese Erklärung war ich gespannt. Er konnte von Glück reden, dass ich völlig traumatisiert war, sonst wäre ich nicht so ruhig geblieben. Wir legten auf.

Die Nacht verbrachte ich auf einer Isomatte in meinem Atelier – dem einzigen Raum, der verschont geblieben war. Viel Schlaf war mir nicht vergönnt. Mein Kopf spulte furchterregende Szenen ab. Selbst meine Träume blieben nicht verschont.

Irgendwann hämmerte etwas in meinem Kopf, laut, direkt, nah. Es hämmerte, jemand rief meinen Namen. Kein Traum. Ich schreckte hoch, fühlte mich elend, sah zum Fenster, erschrak. Torge wedelte mit einer riesigen Brötchentüte vor der Scheibe herum und winkte. Ich quälte mich hoch, stolperte durch mein Wohnzimmer. Schlagartig erinnerte ich mich an alles, war hellwach. Der konnte was erleben. Jedoch: Was, wenn er nicht allein war? Was, wenn die Brötchentüte, sein nettes Lächeln bloß Bestechungsversuche waren, die anderen Verbrecher direkt hinter ihm, den Lauf der Knarre in seine Wirbelsäule gedrückt? »Bist du allein?«, rief ich durch die Tür.

»Natürlich«, antwortete er sogleich. Na, der konnte mir vieles erzählen. Vorsichtshalber nahm ich mein Handy, klingelte ihn an.

»Viktor was soll das? Mach die Tür auf.«

»Nein. Du erzählst mir jetzt, was passiert ist.«

»Ist doch Quatsch. Das mach ich drinnen. Ich hab auch Brötchen dabei.«

Bestechung, tatsächlich. »Erzähl mir, was passiert ist.«

»Ich würde dir gern dabei in die Augen sehen.«

»Die Frage ist, ob du dir selbst noch in die Augen sehen kannst.«

»Viktor!«

»Erzähl schon!«

»Viktor, bitte.«

»Dann komm zum Fenster, da siehst du mich.«

Wieder trafen wir uns vor dem Fenster meines Ateliers. Torge sah fertig aus, sein Blick schuldbewusst, fast verzweifelt. Zwei Männer, Auge in Auge, beide ein Mobiltelefon am Ohr, dazwischen eine Fensterscheibe. Einer plapperte drauflos, der andere lauschte ungeduldig.

Wie verabredet, hatte Torge den Schlüssel unter dem Schaf entwendet. Seine Gespielin war sehr aufgeregt, Torge wollte ihr einen Wunsch erfüllen. Gefesselt hatte man sie schon oft, aber mumifiziert noch nie. In seine Hände wollte sie sich begeben, ganz und gar abhängig sein. Lediglich die Nasenlöcher sollten frei bleiben, damit sie Luft bekam. Gesagt, getan. Werkzeug für sein Vorhaben fand er reichlich in der Schublade meines Gynstuhls. Als die Mullbinden ausgingen, musste das Gaffer-Tape ran. So hüllte er sie in einen netten Kokon, ein Gefängnis ganz nah am Körper. Erst am Ende wickelte er das Gesicht ein. Hierfür hatte er sich ein Stück Mullbinde aufgehoben. Bis zu diesem Zeitpunkt verlief alles nach Plan. Um ihr Erlebnis noch intensiver zu gestalten, drehte er die Musik auf. Die verpuppte Dame aber verwandelte sich nicht etwa in einen Schmetterling und flog, nein. Vielmehr fiel sie, und zwar direkt zu Boden. Die Aufregung, die eingeschränkte Luftzufuhr hatten sie danieder gestreckt. Ohnmacht. Torge hatte an alles gedacht. An einen

Dildo, der bereitlag, an eine neue Gerte, sogar an Massageöl, für hinterher. Damit jedoch hatte er nicht gerechnet. Voller Panik versuchte er, die Fesseln zu lösen. Doch das Gaffer-Tape war ungnädig, wollte sich partout nicht vom Körper der Schönen lösen. Verklebt mit den Mullbinden, war es wild entschlossen, diese nicht mehr loszulassen. Was blieb, war die harte Tour. Aus der Küche holte er ein Messer. Hektisch, wie er war, säbelte er an der Fesselung herum. Dabei verletzte er sich, schnitt sich in die Hand. So tief, dass ihm nun selber schwindelte. So wie Madame dort am Boden lag, ohne Regung, schien es fast unmöglich, sie loszuschneiden. Also musste das Skelett seinen Platz räumen. Er nahm es vom Haken, setze es auf den Boden. Dass weiterhin Blut aus seiner Wunde tropfte interessierte ihn nicht. Seine Gespielin war zwar schlank, Torge aber nur ein zierliches Männlein von 1,75 Meter. Gut, dass ich einen Seilzug an dem Karabinerhaken angebracht hatte. Mit aller Kraft hievte er sie hoch. Vorsichtig schnitt er ihren Kokon an der Seite auf.

Obwohl es wohl ratsamer gewesen wäre, am Gesicht zu beginnen. Denn inzwischen war sie wieder zu sich gekommen, was die Sache nicht leichter machte. Panisch kämpfte sie gegen ihr Gefängnis an, sah das Blut, konnte nicht zuordnen, woher es kam. Von ihr? Von ihm? Torge flehte sie an, stillzuhalten, damit er ihr Gesicht befreien konnte. Endlose Minuten später war sie frei, stürmte wortlos ins Badezimmer. Erst jetzt spürte Torge den Schmerz in seiner Hand, der ihm in den Arm zog. Die Blutung war kaum zu stoppen.

Auf dem Weg ins Schlafzimmer fing er das Blut mit der anderen Hand ab. In der Nachttischschublade suchte er nach einer Möglichkeit, sich zu verbinden. Die Mullbinden im Wohnzimmer waren ja unbrauchbar. Schließlich nahm er meinen Kopfkissenbezug. Im Flur schwindelte ihm erneut, sodass er sich an die Wand stützte, er hinterließ Spuren. Nun wollte er sich wieder seiner Gespielin widmen, klopfte an die Badezimmertür. Keine Antwort. Erneut hatte sie das Bewusstsein verloren. Leider hatte sie sich eingeschlossen – ein dummer Reflex, wie sie ihm später erzählte: »Fremde Wohnung,

Klotür zu.« Lange rief er nicht nach ihr, bevor er begann, die Tür einzutreten. Schneller als er dachte, gab diese nach. Er sammelte die Nackte vom Boden, trug sie in den Garten. Man konnte von Glück reden, dass es Nacht war. Dort kam sie wieder zu sich. Eine Weile blieben sie auf dem kühlen Rasen liegen, redeten. Er beruhigte sie, was ihn beruhigte. Als sie wieder hineingehen wollten, stellten sie fest: Die Haustür war zu, der Schlüssel in der Wohnung, sowie der Autoschlüssel. Er gab ihr seine Jeans und sein T-Shirt. Sie barfuß, er in Boxershorts, riefen sie sich ein Taxi und fuhren in ein Hotel. Zumindest seine Geldbörse steckte in der Gesäßtasche seiner Jeans.

Meine Wohnung hat Torge wieder auf Vordermann gebracht. Dafür habe ich ihm geholfen, das Alibi bei seiner Frau aufrechtzuerhalten. Die Schnittwunde in der Hand war ein guter Aufhänger für eine Geschichte. Im Suff sei er wohl gestürzt und könne sich an nichts erinnern. Die Wahrheit hätte ihm ohnehin niemand geglaubt.

6. ERLEBNIS

Pipipause

Charlotte (30), Art-Direktorin, Berlin,
über Katharina (30), Juristin, Hamburg

Großraumbüro einer Werbeagentur, schlechte Stimmung. Ungefähr zwölf Menschen in meinem Sichtfeld, alle in die Arbeit vertieft. Hinter mir ein Fenster. Die Jalousien geschlossen. Es war ein Freitag. Der Tag, an dem der Chef immer seine Runde drehte, von Platz zu Platz kam. Oder aber er baute sich irgendwo auf und verkündete eine frohe Botschaft. Meetings besuchte er selten. Lieber war es ihm, plötzlich aufzutauchen, die Routine seiner Leute zu stören, allgemeine Verunsicherung zu stiften. Ein Blick auf die Uhr. Bald würde er kommen, das wussten wir alle.

In dieser angespannten Stimmung poppte plötzlich ein Chatfenster auf meinem Monitor auf. Katharina, eine Freundin, die ich aus der SM-Szene kannte, schrieb mir. Sie habe etwas für mich, etwas, was mich sehr interessieren werde.

»Ich arbeite, ist schlecht«, tippte ich zurück. Doch Katharina kannte keine Widerworte, prompt bekam ich eine Anfrage für eine Dreierkonferenz mit ihr und einem gewissen Antonio. Katharina pflegte sich ihre Sklaven im Ausland zu besorgen. Nach Möglichkeit mussten sie einen großen Schwanz und ein noch größeres Bankkonto mitbringen, sonst lief bei ihr gar nichts. Immer wieder war ich erstaunt, mit welcher Dreistigkeit es ihr gelang, Männer um den Finger zu wickeln. Eine internationale BSDM-Community half ihr bei der Suche ihrer Untertanen. In der Regel gab es einen kleinen Vorab-Check über Skype, bevor sie eine Entscheidung traf. Diesem durfte ich anscheinend heute beiwohnen. Ein weiterer Blick auf die Uhr. Kurz vor zwölf. Vor halb eins würde der Chef eh nicht auftauchen. Mein Wochenpensum hatte ich abgearbeitet. Warum also nicht? Klick, klick – schon gingen zwei Fenster auf. Rechts saß Katharina vor ihrem Rechner. Die Lippen rot, die Haare zu einem strengen Zopf gebunden, rauchend. Links im Fenster: Antonio, oben ohne. Mehr konnte ich nicht erkennen. Wahrscheinlich war er bereits gänzlich entkleidet. Ich drückte den Ton weg, informierte die beiden über meinen Aufenthalt und dass wir uns auf das Schreiben beschränken sollten. Beide nickten.

Antonio war attraktiv, sehr sogar. »Er kommt aus Venedig. Wenn er sich gut benimmt, werde ich bald Urlaub dort machen«, schrieb Katharina und grinste. Der scheue Antonio schwieg. »Er versteht kein Deutsch, weißt du. Ist das nicht putzig? Du kannst also lästern, ohne dass er weiß, was du sagst.«

Mir stand der Kopf gar nicht nach solchen Spielen. »Macht ihr mal. Ich schau zu«, schrieb ich zurück.

Miss Black war Katharinas Nickname. Nicht originell, aber laut ihrer Aussage durchaus zweckdienlich für den internationalen Sklavenmarkt. Jeder verstand, worum es ging. Schließlich war Selbstmarketing eine nicht unwichtige Sache. Ich war nie wirklich sicher, wie viele ihrer Geschichten tatsächlich der Wahrheit entsprachen. Die Skrupellosigkeit, mit der sie vorging, war nicht von dieser Welt. Ihr Wunsch stand immer im Vordergrund. Sie war eine Egoistin sondergleichen, ohne Herz, so schien es. Zumindest im Umgang mit Männern. Auch ich hatte eine Vorliebe für devote Männer, bloß fehlte mir die dauerhafte Rücksichtslosigkeit, um diese Gattung Mann bei der Stange zu halten. Gerade devote Männer konnten sehr fordernd und anstrengend sein. Da geht einem auf Dauer die Puste aus. Deshalb genoss ich das Spektakel aus sicherer Entfernung.

Antonio fing an, den Kopf auf Kommando zu senken, sich hinzuknien. Dann stand er auf, begann sich in einem Rhythmus zu bewegen, den ich nicht hören konnte. Die Hände über seinem Kopf wirbelnd, drehte er sich im Kreis. Ein wenig wie aus den Siebzigern entsprungen wirkte sein Tanzstil. Schlaksige Arme, die sich hoben, wieder senkten, kreisten, schlenkerten, mal voller Spannung, dann wieder lässig. Sein riesiger Schwanz wurde sichtbar. Keine Überraschung. Schlaff, aber ansehnlich schlug er gegen seine Beine, mit einem Geräusch, das ich bloß ahnte. »Schwanztest bestanden …«, schrieb Katharina. Laut lachte ich auf, erschrak im selben Moment. Beinahe hätte ich vergessen, wo ich war. Ein paar Kollegen schauten rüber, runzelten die Stirn, widmeten sich wieder ihrer Arbeit. Das war noch mal gut gegangen.

»Touch yourself«, befahl Katharina. Nun wurde es reizvoll. Der Anblick attraktiver Schwänze konnte mich binnen Sekunden außer Kraft setzen, mir das Höschen zwischen den Beinen wegschwemmen. Ein Teil in mir wusste, dass es nicht gut war, weiter zuzusehen, hier, im Büro, der Chef nur wenige Minuten entfernt. Der andere Teil jedoch leckte sich bereits das Mäulchen. »Show me what you got«, forderte Katharina weiter.

Bisher hätte man denken können, dass Antonio ein unschuldiger Kerl sei und rein gar nichts im Schilde führte. Nun, da er den letzten Befehl verinnerlichte, stand ihm die Drecksau deutlich ins Gesicht geschrieben. Ein breites Grinsen zeigte sein leicht schiefes Gebiss. Sofort erntete er einen Tadel: »Move your ass, dirty bastard, and hide your ugly teeth.«

Deutlicher hätte sie es nicht sagen können. So war Miss Black nun einmal: perfide bis in die blondierten Haarspitzen. Mit verständiger Miene legte Antonio die Hand um seinen Schwanz. »That's better!«, kommentierte Katharina. Folgsames Nicken. Lange mussten wir nicht warten, bis wir sein bestes Stück in voller Länge betrachten durfte. Ein wonniges Gefühl durchfuhr meinen Körper bei diesem Anblick. Lange hatte ich keinen Schwanz mehr in der Hand gehabt. Erst recht nicht ein solches Exemplar. Zu lange. Die Augen geschlossen, versank Antonio regelrecht in seinem Tun. Wir bauten ihm eine Bühne, waren ein dankbares Publikum. Ich zumindest.

Katharina hatte bereits keine Geduld mehr. »I am bored.« Das musste sie wohl tun. Schließlich war sie ja selbst eine Gefangene ihrer Rolle. Genuss war erst erlaubt, nachdem sie ihre wahre Grausamkeit unter Beweis gestellt hatte. »Do you think this is a game?«, bediente sie sich ihres Repertoires. Bei Sätzen wie diesen wurde es mir wiederum langweilig.

»Sag ihm irgendwas. Ich habe nicht so viel Zeit hier im Büro. Erniedrige ihn. Alleine kommt er ja nicht auf Ideen.« Das ließ Katharina sich nicht zweimal sagen. Bis zu diesem Zeitpunkt war ich noch guter Dinge. Was konnte sie ihm über eine Webcam auch schon antun, was konnte er sich antun lassen? Nicht viel. Möglicherweise ein Gummiband um den Hoden, vielleicht eine Zitrone im Mund, damit ihm der Speichel lief. Harmloses Zeug eben, um einen angehenden Sklaven nicht gleich zu verschrecken, sondern mit Neugier anzufüllen, sodass er am Ende um eine Audienz flehen würde.

»Go, get a glass!« schrieb sie. Ein Glas? Was sollte er mit einem Glas? Kurz überlegte ich. Ein Glas? Dann dämmerte es. Ein Glas, bitte kein Glas! Sie konnte doch nicht wirklich … Sie würde doch nicht … Sie würde!

»Piss in it!« Ja … und wie sie würde. Ich wagte einen Blick über meinen Monitor, ließ ihn über die Plätze wandern. Noch immer waren alle vertieft. Im Hinterzimmer, hinter der Glasscheibe konnte ich den Chef in seinem Büro erkennen, wild gestikulierend, in irgendein wichtiges Telefonat verwickelt. Keine Gefahr. Also widmete ich meine Aufmerksamkeit wieder dem armen Antonio. Da stand er, mit dem noch immer leeren Glas in der Hand. Gesenkter Blick, gesenkter Schwanz. Kein Wunder. »Goddess, I am not able to do this«, schrieb er. Göttin, er nannte sie wirklich Göttin. Wenn mich sein Hundeblick nicht längst in tausend Stücke gerissen hätte, so hätte er es spätestens in Kombination mit dieser Anrede getan.

»Go ahead, this is your one and only chance.« Ohne sich im Klaren zu sein, dass ihr Urlaub für lau in dieses Glas gespült werden könnte, blieb Katharina bei ihrer Forderung. Interessant war es schon. Zum einen, wie sehr er mit sich rang, wie sein Kopf ratterte, er abwog. Zum anderen, wie Katharina trotz des Risikos, ihn zu verlieren, bei ihrer Linie blieb. »Ich kann mir Verluste erlauben«, hätte sie sicher zu ihrer Verteidigung gesagt und mal wieder wäre ich nicht sicher gewesen, ob sie es ernst meinte oder ob das bloß Teil ihrer Show war.

»Wenn du ihn jetzt hören könntest …«, schrieb sie. Ich schickte ein Fragezeichen. »Er macht so lustige Geräusche und murmelt irgendetwas Italienisches. Das ist so süß.« Anscheinend hatte sie ihren Spaß. Darauf kam es an. Weiterhin skeptisch, wartete ich auf das Kommende. Antonio zeigte langsam Temperament. Er stampfte mit den Füßen auf, ging eine Runde im Raum, stellte das Glas ab, nahm es wieder zur Hand. »Wieso schreibst du ihm nicht, dass er sich beeilen soll?«, fragte ich nach. »Das werde ich, aber er ist noch nicht so weit. Erst muss sein schlechtes Gewissen einsetzen. Erst dann, wenn er selbst nicht mehr daran glaubt, es wirklich zu tun, erst dann werde ich einschreiten.«

Das leuchtete ein. Womöglich war es vergleichbar mit einem Sprung vom 10-Meter-Turm. Die Abstände zwischen dem Wissen, dass man es auf keinen Fall tun wird, und dem Drang, sich doch noch zu überwinden, werden immer kürzer. Der Moment der endgültigen Entscheidung kommt schließlich so schnell daher, dass man bereits in der Luft ist, während man noch denkt: »Ich tus!«

Genau diesen Moment passte Katharina perfekt ab. »Drei, zwei, eins!« Gerade hatte Antonio noch entschlossen den Kopf geschüttelt und jetzt floss es, goldgelb. »Good boy!«

Antonio atmete auf, ich atmete auf, lehnte mich entspannt in meinem Schreibtischstuhl zurück. Ein kurzer Blick zum Chef. Keine Gefahr. Weiter gehts.

Da stand er nun erneut, hatte seine Hürde erklommen. Scham war da nicht mehr zu sehen, bloß Stolz. Ich musste zugeben, auch ich war ein wenig stolz auf den schönen Antonio und so richtete ich das Wort an ihn. »Thank you«, schrieb ich und fühlte mich irgendwie lächerlich. Als Antwort bekam ich eine Verbeugung und ein kesses Zwinkern. Mir wurde warm. Wie machte Katharina das bloß? Vielleicht war es an der Zeit, sich zu verabschieden. Man soll ja immer dann gehen, wenn es am schönsten ist. Wie immer kam mir Miss Black zuvor: »I want you to drink it!«

Las ich richtig? Das war zu viel, sogar für mich. Auch bei Antonio stieß dieser Gedanke nicht auf großen Anklang. Nur ein Klick, ich war nur einen Klick entfernt, mir dieses Elend zu ersparen. Es war wie verhext. Ich war einfach nicht in der Lage dazu, war einfach nicht in der Lage, wegzusehen. Wie bei einem Unfall. Man fürchtet den Anblick und sucht ihn dennoch. Hinter meinem Monitor nahm ich eine

Bewegung wahr, nur flüchtig. »Goddess, please. We don't know each other that well … please …« bestätigte Antonio meine Gedanken. »That's why I try to show you who I am«, kam es souverän zurück.

Die Spannung war unglaublich. Wieder eine Bewegung im Augenwinkel, sicher war es nichts. Mein Blick war gefangen, meine Aufmerksamkeit eingesperrt auf 24 Zoll. Sollte es möglich sein? Würde sie ihn wirklich dazu bringen? Und vor allem: Musste ich mir das unbedingt weiterhin ansehen? Wieder folgte der Überwindungsprozess, wieder passte Katharina den Punkt ab. Antonio trank. Indessen versank ich in einem See aus Fremdscham, Ekel, Mitleid und meinem Bürostuhl. Dass der Chef längst seine Runden drehte, hatte ich nicht bemerkt. Es war Antonios Anblick, der mich zugleich verstörte und faszinierte. Jeder Schluck schien ihm eine Qual, doch er leerte das Glas bis auf den letzten Tropfen.

»It's time to say good bye«, schrieb Katharina und machte den finalen Klick, den ich bisher nicht imstande war zu tätigen. Damit passte sie zum dritten Mal an diesem Tag den Moment genau ab. In diesem Fall bei mir, denn hinter meinem Rechner tauchte die Statur meines Chefs auf.

Aschenputtel

Soraya (27), Studentin, Hannover,
über Herrn von Blumfeld (32), Schauspieler, Köln

Herrn von Blumfeld traf ich zum ersten Mal auf einer Fetischparty. Er war genau das, was seine Bilder im Internet versprochen hatten. Maskulin, ohne grob zu wirken; weich, ohne sanft zu wirken. Auf seine Weise extrovertiert, ohne viel von sich preiszugeben. Im Grunde eher introvertiert, aber eben ständig im Redefluss. Er sah aus wie ein Zauberer, ohne dass ich benennen könnte, was das Äußere eines Zauberers ausmachte. Geheimnisvoll und voller Wunder. Ein wenig aufgesetzt war seine Art, aber das passte zu mir. Wir näselten, wenn wir sprachen, siezten uns, bewarfen einander mit kleinen Gemeinheiten, genossen den Wein an der Bar.

Viele Partys dieser Art hatte ich nicht besucht. Um genau zu sein, war dies meine zweite. Herr von Blumfeld wusste um meine Unsicherheit, bemühte sich, zwischen wortgewandten Spitzen seinen Charme einzustreuen. Mit kleinen Berührungen meiner Hand, umständlichen, aber hübschen Komplimenten. Immer wieder pustete er mir eine Strähne aus dem Gesicht. Sein Atem roch nach Wein und etwas anderem, was mir gefiel. Mit jedem Glas verlor ich ein Stück mehr Zurückhaltung. Herr von Blumfeld bemerkte dies, begann mich eindringlich zu betrachten.

»Meine Schöne, ich will ehrlich zu Ihnen sein.« Sofort spitzte ich meine Ohren. »Man hat Sie diese Veranstaltung nur betreten lassen, weil Sie ein so wunderschönes Gesicht haben.« Meine Wangen bekamen Farbe. Ein Kompliment, das sich nicht anfühlte wie eines. »Wir sollten dafür sorgen, dass Sie noch schöner werden.« Mit diesen Worten stand er auf, machte einen Diener, reichte mir die Hand. Ahnungslos folgte ich ihm hinter die Bar. Dort gab es einen kleinen Durchgang, auch diesen passierten wir. Die Tresendamen schienen Herrn von Blumfeld zu kennen.

Hinter der Bar befand sich ein Raum, wie ein Hotelzimmer. Doppelbett, zwei Nachttische, Kleiderschrank, ein kleiner Sekretär. An diesem saß ein Mann im Anzug. Herr von Blumfeld stellte ihn mir als Anton vor. Er sei Veranstalter der Party und frischgebackener Gründer eines Latexlabels. Ich reichte ihm die Hand. Diese ließ er jedoch nicht los, sondern stand auf, führte mich zum Kleiderschrank. Randvoll war der, verströmte den Duft von Gummi. Dies laut auszusprechen hatte die Folge, dass mich empörte Blicke trafen. Es sei feinstes Latex, was meine Nase küsste, nicht etwa nur Gummi. Das solle ich mir hinter die Ohren schreiben. Das tat ich.

Anton griff in den Schrank, fischte ein grünes Latexteil heraus. Erst jetzt erkannte ich, dass es sich um ein Kleid handelte, sehr eng. »Das müsste deine Größe sein«, sagte er. Es beschlich mich das Gefühl, dass unser Besuch bei Anton kein Zufall war, keine spontane Laune Herrn von Blumfelds. Nun begriff ich, was der Herr mit seinem Kommentar bezüglich meines Outfits gemeint hatte. Zugegeben, mein Abendkleid passte besser auf eine Cocktailparty und ging unter zwischen all den fantasievollen Kostümen. Aschenputtel sollte ein prunkvolleres Gewand bekommen, das verstand ich. Dass ich aber in dieser engen Gummihaut schöner würde, wagte ich zu bezweifeln.

Das Kleid passte, laut Anton, wie angegossen. Fühlte sich allerdings mitnichten so an. Da es sich bis zum Boden an Hüfte und Beine drängte, war ich kaum in der Lage zu gehen. Kleine Trippelschrittchen waren möglich, zumindest barfuß. Als Herr von Blumfeld mir in die High Heels half, hatte ich das Gefühl, dass meine Beine in der Mitte zusammenwuchsen. Es waren wohl die Blicke der beiden Herren, ein paar wohl platzierte Komplimente und der gute Rotwein, die mich umstimmten. Ein letzter Blick in den Spiegel. Anton umfasste meine Hüfte. Herr von Blumfeld blies mir sanft eine Strähne aus dem Gesicht. Mein Ego war über und über mit Puderzucker bedeckt. Ich drehte mich, besah den tiefen Ausschnitt am Rücken, der nur knapp über dem Po endete. Die beiden Herren brummten genüsslich, fuhren über meinen Rücken und lächelten.

»Du kannst es heute Nacht tragen, wenn du willst. Aber immer schön sagen, wer es gemacht hat, wenn dich jemand fragt.« Brav nickte ich, trank Wein, griff nach der Hand Herrn von Blumfelds. Die Nacht durfte beginnen. So trippelte ich wieder vor die Bar. Gleich neben mir Herr von Blumfeld. Er passte auf, dass ich nicht fiel, versorgte mich mit Wein. Es war heiß unter diesem Kleid und klebrig. Während ich mich durch die Themenräume der Party führen ließ, lief mir bereits der Schweiß die Beine hinab.

»Madame, schämen Sie sich denn nicht, hier einfach so auszulaufen?«, stichelte mein Begleiter, als er die Tropfen auf meinen Füßen sah. Ich mochte es, wie er mit mir redete. Seine Art, die Atmosphäre, das Kleid, der Wein: wie ein Rausch. Ein großer Saal, durch Vorhänge in kleine Kammern abgetrennt. Jede Kammer anders. Ein Krankenzimmer: weiß und steril. Ein Orientraum: rot und warm. Sogar ein Fitnessraum, mit Laufband und einem Bock. Ich war umgeben von all diesen Fantasiegestalten, ein sinnlicher Zauberwald. In den Ecken begannen die Ersten, sich zu berühren. Ein junger Kerl mit Ziegenbart, Latexkleid und High Heels wurde von einer älteren Dame geohrfeigt. Er küsste ihre Waden, die Knöchel, schließlich ihre Schuhe.

Herr von Blumfeld fasste mir ins Haar, biss mir in den Hals. Mein Kopf drehte sich in seine Richtung, ich suchte seine Lippen, fand sie; seine Zunge, Schwindel, Lippen, Zunge, Schwindel. Was war nur los? Augen zu: sich drehende Kreise. War es der Alkohol? Augen auf: kniender Ziegenbart, Ohrfeigen, Lichter. Augen zu: sich drehende Kreise. Schwindel, Schwindel, Zungen, Lippen, Schwindel. Dann Dunkelheit.

Augen auf: indirektes Licht. Mein Schädel brummte. Wo war ich? Ein Auge blickte mich an. Es war das Auge eines Kuscheltiers. Schwarz mit gelber Filzpupille. Ich setzte mich auf, schaute mich um und lag in einem riesigen Bett, gemacht für mindestens vier Personen. Ich fühlte mich wie ein Kind, im Ehebett der Eltern erwacht. Um mich herum lagen Kuscheltiere. Bären, Hasen, Löwen, und auch eine Puppe. In der Ferne Musik. Plötzlich: eine Stimme. Ich erschrak, ergriff ein Kuscheltier, hielt mich daran fest. Dabei bemerkte ich, dass ich nackt war. Jemand hatte mich aus dem engen Kleid geschält. Die Stimme kam von einem Kerl mit Ziegenbart. Moment mal, den kannte ich. Es war der Typ, der sich hatte ohrfeigen lassen. Verschreckt hielt ich mir eine Plüschgiraffe vor die Brüste.

»Du bist das schönste Stillleben, das ich je gesehen habe«, sagte der Ziegenbart.

Ich lachte. Weshalb, war nicht klar, aber ich lachte. »Wo ist Herr von Blumfeld?«, fragte ich. »Der Kerl mit Hut und Brille?« Ich nickte. »Der ist vor 'ner Stunde hochgegangen.« Weiter hinten sah ich eine Treppe. Hoch? Wo war das? Und wo war ich? Wer war der Bärtige und was sollte ich anziehen?

»Wie spät ist es?«, fragte ich. »Halb sechs.« Das war zu viel. Ich war vier Stunden weg, hatte einen Filmriss. Wie war ich nur hierher gekommen?

Den Blick des Bärtigen auf meinem Körper sprang ich auf, entriss dem Bett das überdimensionale Laken, begann, es um meinen Körper zu wickeln. Vom Cocktailkleid zum Latexfummel war Aschenputtel nun zu einem alten Laken gekommen. Was für ein Abstieg. Doch ich hatte andere Sorgen.

Neben dem Bett fand ich meine Schuhe. Wenigstens die waren noch da. Die Füße hineingezwängt, richtete ich mich auf, wackelte Richtung Treppe. Eine Stahltreppe, mit Gitternetz, denkbar ungeeignet für Absätze, wie ich sie an den Füßen trug. Natürlich bemerkte ich dies erst, als mein Absatz in einem der quadratischen Löcher stecken blieb. Ich fiel, stützte mich ab. Mein Kopf schmerzte ohnehin schon. Doch war das nichts im Vergleich zu meinem Fuß, der mit einem lauten Knacks entzweibrach. So fühlte es sich jedenfalls an. Schuhe aus, Kopf hoch und weiter. Aschenputtel gibt nicht auf.

So kam ich barfuß oben an und befand mich wieder inmitten der Party. Inzwischen eher Irrgarten als Zauberwald. Wenige Gäste. Diese fanden Gefallen an der humpelnden Dame in Lumpen. Es wurde spöttisch gelacht, mit dem Finger gezeigt. Keiner sprach mich an. An der Bar angekommen, sah ich Herrn von Blumfeld. Er lachte ebenfalls, als er mich sah. »Oh, die Dame ist erwacht.« Es war demütigend. Gerührt sah er mich an. Statt jedoch eine Entschuldigung auszusprechen, sagte er bloß: »Wertes Fräulein, Sie sollten Ihren wunderbaren Körper nicht so verhüllen. Zeigen Sie doch, was Sie haben.«

Mein Blick sprach Bände. Herr von Blumfeld umarmte mich, nahm meine Hand. Wenig später stand ich im Krankenzimmer. Zum Glück war niemand hier. Herr von Blumfeld zog den Vorhang zu. Wir kuschelten uns ins Krankenbett. Beim Eindämmern erklärte mir Herr von Blumfeld, dass ich mein Bewusstsein verloren hätte und das Latexkleid wohl doch eine Nummer zu eng für mich gewesen sei. Jedenfalls habe er Mühe gehabt, es von meinem Körper zu bekommen. Im Mädchenzimmer sei das einzige freie Bett gewesen. Zudem liege es im Keller und sei deshalb nicht so laut. Ein Großteil der Gäste habe den Keller nicht einmal bemerkt, so erklärte er. Der Mann mit Bart habe den Auftrag bekommen, mich zu bewachen.

Im Halbschlaf spürte ich Herrn von Blumfelds Hand auf meiner Stirn, dann seine Lippen. Wohlig atmete ich ein und aus. Wenig später war ich wieder im Land der Träume.

Herr von Blumfeld und ich sind inzwischen Freunde. Mehr wurde nie aus uns. Ob es etwas mit dem unerwarteten Verlauf der Nacht zu tun hatte, kann ich nicht sagen. Aber ich habe selten einen so romantischen Morgen in einem Krankenbett erlebt.

8. ERLEBNIS

Bis einer weint

Boris (35), Grafiker, bei Dortmund,
über Hannes (36), Drucker, bei Dortmund

Hannes arbeitete damals in meiner Stammdruckerei. Erst ein halbes Jahr, nachdem ich einige Aufträge in seine Hände gelegt hatte, sah ich ihm das erste Mal in die Augen. Seit der Grundschule hatten wir einander nicht mehr gesehen. Erkannt habe ich ihn sofort.

Irgendwann sind wir dann ein Bier trinken gegangen, dann noch einmal, ein weiteres Mal und immer wieder. Über unsere Kindheit redeten wir, über den vielen Mist, den wir verzapft haben, den Hausarrest, den wir aufgrund unserer Streiche bekamen, damals. »Bis einer weint«, hatte meine Mutter immer gesagt, wenn wir als Kinder übermütig wurden. Jedes Mal hatte sie recht behalten.

Der Mittwochabend wurde zu unserer Männerrunde. Es stießen nicht etwa weitere Jungs hinzu. Nur Hannes und ich. Trotz allem erfuhr ich nie mehr über sein Privatleben als nötig. Dies fiel mir erst im Nachhinein auf, denn ich vermutete, dass Hannes ein stinknormales Leben führte. Was ich wusste: Ehefrau, zwei Kinder, ein Hund und ein kleines Häuschen in einem Vorort von Dortmund. Was ich nicht wusste: Wie er und seine Frau zueinanderstanden, ob sie noch Sex hatten und wie viel. Ob er eine Geliebte hatte oder zwei. Ich selbst ließ gern mal durchblicken, dass mein Sexleben etwas anders geartet war als das der meisten. Dass ich Frauen grob behandelte, erzählte ich, und dass es viele Frauen gab, die es mochten, auf diese Weise behandelt zu werden. Um sein Weltbild nicht zu sehr ins Wanken zu bringen, verhielt ich mich diskret, vermied es, ins Detail zu gehen. Hannes nickte nur, lächelte, aber schwieg.

Ich weiß noch, ich saß gerade an einer Broschüre, die bis gestern hätte fertig sein sollen, wie seine Stimme am Telefon klang. Wie aufgeregt er war. Anders als sonst.

»Großer«, sagte er. So hatte er mich schon damals genannt.

»Großer, du musst mir helfen!«

Ob es gut war, ihm zu versichern, dass ich helfen würde, was immer es sein mochte, ist fraglich. Ich weiß noch genau, wie alles plötzlich Sinn ergab: Sein Schweigen bei unseren Abenden, wenn ich ihm von meinen unüblichen Sexgeschichten erzählte, sein leises

Lächeln, das Nicken. All das, was ich immer als Verlegenheit gedeutet hatte, rückte in ein neues Licht.

»Großer, du musst mir helfen, meine Frau zu vergewaltigen!«

Meine Antwort kam stockend. Eigentlich war es keine richtige Antwort. Eher eine Aneinanderreihung vieler kleiner Wortfetzen. »Wieso? Ähm. Du? Ich meine … Ihr? Ihr auch?«

Hannes erklärte sich nicht. Es folgte kein lang gezogenes Outing. Sein Fokus lag auf seiner Bitte. Isabel habe schon lange diesen Wunsch, schon vor ihrer Ehe habe sie es hin und wieder erwähnt. Es solle sich echt anfühlen, distanziert und nicht nach der Liebe, die Hannes ihr tagtäglich entgegenbrachte. »Weißt du, Großer, selbst wenn ich sie noch so roh im Bett behandele, unsere Nähe, unsere Sorgen und Alltäglichkeiten legen sich dazwischen und schwingen mit. Es ist immer alles da. So richtig abschalten und weg sein von allem, das ist kaum noch möglich. Ich möchte ihr ein Geschenk damit machen.«

Seine Sorgen waren mir nicht fremd. Der Alltag hatte auch meinen Beziehungen oft im Weg gestanden und das Knistern mit sich genommen. Wie man eine Frau dominierte, wie man sie verführte, erniedrigte, sogar vergewaltigte, wusste ich. Bloß war es bisher immer in dem Bewusstsein geschehen, dass es sich um ein Spiel handelte. Einvernehmlich, offen. Hannes Wunsch stellte mich vor eine Aufgabe. So etwas musste geplant werden, gründlich. Vorerst schwieg ich in den Hörer, grübelte, wog ab. Derweil begann Hannes, für seine Frau zu werben. »Sie ist wirklich schön. Toller Körper, trotz der zwei Schwangerschaften. Und süß ist sie. Klein und zierlich. Es wird ein Kinderspiel für dich sein, sie zu überwältigen, ohne ihr wehzutun.«

Bevor er sich noch weiter hineinredete, stimmte ich zu. »Alles klar. Ich helfe dir … Aber ich bin nur der Mann fürs Grobe. Die ›Feinarbeit‹ machst du. Gibt es schon ein Drehbuch?« Hannes' Stimme kehrte zur gewohnten Ruhe zurück. »Nein, nicht wirklich. Ich wollte erst mal schauen, ob du dabei bist. Habe nicht gewusst, wen ich sonst hätte fragen sollen. Aber ich wüsste einen geeigneten Ort, an dem wir sie überwältigen können. Ganz in Ruhe, ungestört.«

Der Ort schien nicht bloß geeignet, sondern perfekt. Staubig war es dort und oll. Mitten im Industriegebiet – ein Hinterhof, stillgelegt. Von der Straße führte eine Gasse, etwas breiter als ein LKW, begrenzt von Betonmauern auf den Hof. Auf der einen Seite gab es einen hohen Zaun, auf der anderen verlief ein noch höherer Bahndamm. 100 Meter weiter führte der Hof durch eine ähnliche Gasse wieder heraus. Fluchtmöglichkeiten gab es nur zurück oder in die zweite Gasse. Mittwochs und samstags fuhr Isabel mit dem Rad zum Sport und nahm die Abkürzung über diesen Hof. So oft hatte sie Hannes von der Entdeckung ihres Schleichweges berichtet und dass sie mindestes zwölf Minuten Zeit dabei sparte. Eigentor, liebe Isabel, Eigentor …

Als ich neben Hannes auf diesem Hof stand, spürte ich die Vorfreude in mir wachsen. Ich befand mich inmitten eines Gangsterfilms und begann, meine Rolle zu genießen. Zwei große Jungs, mit einem großen Plan.

»Wo bringen wir deine Frau eigentlich hin, nachdem wir sie in den Wagen gezwungen haben? Woher nehmen wir einen Transporter? Was, wenn wir zwei Männer brauchen, um sie im Wagen zu fixieren? Einer muss sie fesseln, der andere knebeln. Sie wird sicher schreien. Nicht dass wir erwischt werden …«, platzte es aus mir heraus. Hannes sah mich verwundert an. »Hast du Skrupel? Dann lassen wir es besser.«

Ja, ich hatte Skrupel, aber die Verlockung war zu groß. »Nein, auf keinen Fall.« Ich wollte weitermachen, unbedingt. Fest stand jedoch: Wir brauchten einen dritten Mann. Am besten einen, der auch einen Transporter mitbrachte. Bei meinen Überlegungen stieß ich auf Knolle, einen Bekannten aus der SM-Szene. Ich wusste, dass er im Besitz eines Sprinters war. Seinen richtigen Namen kannte ich nicht, aber ich hatte seine Telefonnummer.

Wir trafen Knolle in unserem Stammlokal, erzählten ihm bei einem Bier von unserem Plan. Nicht gleich beim ersten Bier. Knolle trank bereits sein sechstes. »Besser ist das«, sagte Hannes. »Lass ihn erst mal trinken.« Ich nickte, wartete, bis Knolle abgesetzt hatte. Mit dem Handrücken wischte er sich über den Mund, schaute erst mich an, dann Hannes. »Also Jungs, dann mal raus mit der Sprache. Ihr habt mich doch nicht umsonst hierher bestellt.« Wie von selbst strömten die Worte aus meinem Mund. Mit einem Mal sah ich es glasklar vor mir. Den ganzen Ablauf. Knolle hing an meinen Lippen. Auch Hannes schien verblüfft über meine expliziten Ausführungen und den Elan, den ich versprühte, Knolle ansteckte wie mit einem Virus.

Er war sofort dabei. Wir reichten uns die Hände, nickten andächtig. Der Plan war fast vollkommen. Was fehlte, war ein Ort, an dem Hannes sich an seiner Frau vergehen konnte. Dies konnte in keinem Fall sein Haus sein. Wozu dann das Vorspiel? Zudem waren dort die Kinder. Auch meine Bude konnten wir nicht nutzen. Ich hatte einen Mitbewohner. Unsere Blicke wanderten zu Knolle. »Nun ja«, sagte er, rümpfte seine Knollnase. Wir rückten zusammen, dichter an ihn heran. »Nun ja, ich habe eine Waschküche, die man über die Garage betreten kann.«

Drei Wochen später. Mittwochabend trafen wir uns, um noch einmal alles durchzugehen. Der große Tag rückte näher. Der Transporter war startklar, Hannes und ich sowieso. Nur Knolle sah nicht glücklich aus.

»Damit ihrs wisst, Leute, ich bin nur der Fahrer. Ansonsten will ich damit nichts zu tun haben.« Sollte Knolle uns einen Strich durch die Rechnung machen? So kurz vorm Ziel? Nun wurde auch Hannes nervös. »Ich will doch auch gar nicht, dass jemand meine Frau anfasst.« Eindringlich sah er mich an. »Auch du nicht! Dass du ihr ja nicht wehtust.« Kurzzeitig fühlte ich mich zu unrecht beschuldigt, aber ich wollte mich nicht von der allgemeinen Hysterie anstecken lassen, bewahrte die Fassung. »Ganz ruhig. Unser Plan ist gut. Solange sich alle daran halten, kann nichts schief gehen.« Meine Komplizen nickten. Wir ließen uns ein Bier kommen.

Schweißgebadet fanden wir uns Samstagnachmittag auf dem Platz wieder. Die Sonne knallte vom Himmel. »Das gelbe Schwein«, wie Knolle zu sagen pflegte. Jeder für sich wirkte sehr fokussiert. Ich lief meine Strecke ab, spielte in Gedanken alles durch. Knolle übte sich im Rückwärtsfahren, für den Fall der Fälle. Hannes saß auf einem Schutthaufen, grübelte. Dass er mit sich kämpfte, konnte ich sehen. Für ihn stand viel auf dem Spiel. Mit einer Kippe bewaffnet, setzte ich mich zu ihm: »Bist du ganz sicher?«, fragte ich. »Was meinst du? Du etwa nicht? Alter, wenn du mir hier jetzt alles verbockst, ja, dann lassen wir das«, brach die Nervosität aus ihm heraus. Mit den Händen fuchtelte er in der Luft herum, steigerte sich hinein, in seine Zweifel, wurde lauter, immer lauter. Meine Widerworte drangen nicht mehr zu ihm durch. Hannes tobte, riss mir die Zigarette aus den schwitzigen Fingern, zündete sie an, zog, bis sie rot glühte, tobte weiter. »Wir müssen das durchziehen, Alter, versteh das doch!«

Dass Knolle etwas aus dem Autofenster brüllte, bekam er nicht mit. Auch nicht, dass sich neben uns ein Auto näherte. Ich hingegen schon. Mir blieb nichts übrig, als dagegen anzubrüllen: »Hannes, deine Frau.« Ich zeigte nach links. Hannes verstummte augenblicklich, riss den Kopf herum. Was er sah, war natürlich nicht seine Frau, aber irgendwie musste ich ihn ja ruhigstellen. Ein roter Golf Cabrio, Modell Erdbeerkörbchen, fuhr auf uns zu. Die Fahrerin drosselte ihr Tempo, sah erst mich an, dann Hannes, schließlich stellte sie den Motor ab. In mir begann es zu hämmern. Eine Zeugin – schoss es mir durch den Kopf. Verdammt, eine Zeugin. Schweiß drang aus meinen Poren, lief mir in die Augen. Was wollte diese Frau? »Was soll das?«, sagte Hannes. »Meine Frau kommt mit dem Rad, das weißt du doch.« Nicht jetzt, dachte ich. Nicht jetzt. Denk doch mal nach.

»Entschuldigen Sie bitte«, rief die Dame im Erdbeerkorb. Wir erstarrten gemeinschaftlich. Knolle versteckte sich irgendwo im Auto, jedenfalls war er nicht mehr zu sehen. Ich ging einen Schritt in ihre Richtung. Was konnte sie nur wollen? »Wären Sie so freundlich, Ih-

ren Sprinter ein Stück zur Seite zu fahren, damit ich durch komme?«
Wie ferngesteuert lief ich zum Wagen. Knolle kauerte im Fußraum.
Nachdem der Wagen geräumt war, das Erdbeerkörbchen außer
Reichweite, fiel mir ein: Unsere Tat lag ja noch vor uns. Kein Grund
zur Sorge. Zudem war es ja bloß ein Spiel. Kein Grund, nervös zu
werden? Oder?

Grinsend kroch Knolle aus dem Wagen. »Noch zehn Minuten.«
Inzwischen hatte sich Hannes zu uns begeben. »Gut«, murmelte
er, um einiges beruhigter. »Dann kann es ja losgehen. Alle Mann
auf Position.« Da waren wir also, der Plan stand wieder im Fokus.
Einige Nerven später sah es so aus, als sei alles wieder gut. Endlich
spürte ich die Vorfreude in mir wachsen. Ich war bereit. Wir waren
bereit. Dort würden wir uns aufstellen. Vorn der Transporter und
von hinten würde ich kommen, Isabel greifen, ihr einen Sack über
den Kopf stülpen, die Hände hinterm Rücken fixieren und ab in den
Wagen. So weit die Theorie.

Hannes stieg in den Laderaum, ich verschloss die Tür. Knolle fuhr
den Wagen in Position, machte ihn aus, wieder an. Spannung lag
in der Luft, eine Spannung, wie ich sie nur aus Kinderzeiten kannte. Spieltrieb. Wild und fantasievoll waren wir damals. Wild und
fantasievoll waren wir noch heute, irgendwo tief drinnen. Das wird
sich niemals ändern, dachte ich.

Dann war es so weit. Eine kleine Gestalt auf einem Rad näherte
sich. Hannes hatte mir ein Bild gezeigt. Roter Pagenkopf, zierlicher
Körper, lachende Augen. Kein Zweifel, das war Isabel. Meine Pumpe
machte sich bemerkbar. Schon von Weitem fixierte ich sie, mimte
Gelassenheit. »Entschuldigen Sie bitte«, rief ich. Isabel bremste,
lächelte freundlich. Ihre blauen Augen stachen mir in die Brust.
Wie schön sie war. Hannes hatte nicht übertrieben. »Ich habe mich
verfahren und …«, ich tat so, als wolle ich eine Karte aus meiner
Umhängetasche ziehen. Meine Hände griffen hinein, fühlten den
Leinenstoff des Wäschesacks. » … seltsam, wo ist denn nur meine
Karte?«

Mit einem Ruck war der Sack aus der Tasche gezogen. Es war so weit. Der Augenblick der Wahrheit hatte sich angeschlichen und nun war er da. Isabel riss die Augen auf. Ein unbezahlbarer Moment. Sie wusste, was passieren würde. Eine, vielleicht zwei Sekunden lang konnte ich den Schrecken in ihr erkennen. Meine Hand packte ihre Schulter, die andere stülpte ihr den Sack über den Kopf. Es war fast zu einfach, dachte ich. Bis zu dem Zeitpunkt, als ich diesen abscheulichen Schmerz zwischen den Beinen spürte.

Noch bevor ich realisieren konnte, dass ich gerade mit voller Wucht einen spitzen Damenschuh in die Eier bekommen hatte, spürte ich schon den nächsten Schmerz. Blut schoss aus meiner Nase, Tränen schossen mir in die Augen. Ich taumelte. In meinen Armen kämpfte ein kleiner hysterischer Frauenkörper. Die Schmerzen machten mich wütend. Hannes Worte in meinem Kopf »Dass du ihr ja nicht wehtust.« Widerwillig hielt mich daran und hatte erneut eine kleine Faust in meinem Gesicht. Alles geschah wie von selbst. Sie trat um sich, immer heftiger, kämpfte um ihr Leben. Meine Eier taten weh, meine Nase pochte vor Schmerz.

Schließlich entwischte sie mir, nahm ihr Rad und sauste einfach davon, zurück in die Richtung, aus der sie gekommen war. Wie ein Idiot sah ich ihr nach, humpelte dann zum Wagen, klopfte. Voller Erwartung öffnete Hannes die Tür. »Was ist los? Wo ist sie?« »Du hast gesagt, ich darf ihr nicht wehtun. Dass sie mir nicht wehtun darf, hat ihr wohl niemand gesagt.« Ich erzählte, was geschehen war. Bestürzt sah Hannes mich an. »Oh mein Gott. Was denkst du wohl, wo sie jetzt hinfahren wird?« Inzwischen war Knolle dazugestoßen. »Ja, natürlich. Zu den Bullen. Wir müssen hier weg.« Er hatte recht. Hinzu kam, dass der Sack verschwunden war. Isabel musste ihn als Beweisstück mitgenommen haben, übersät mit meinen Fingerabdrücken.

Der Wagen bewegte sich bereits, als ich noch dabei war, meine Tür zu schließen. Dann gings los. Volle Wucht über den Hof, durch die Gasse. Mit zittrigen Fingern wählte Hannes die Nummer seiner

Liebsten. »Verdammte Scheiße, nun geh schon ran!«, brüllte er. Schweiß tropfte ihm von der Stirn. »Die kann doch nicht weit sein«, rief Knolle. »Fahr zur Polizei«, schlug ich vor. »Was? Spinnst du?«, empörte sich Hannes. »Wenn wir vor ihr dort sind, können wir sie abfangen.«

Also steuerte Knolle die Polizeiwache an. Währenddessen ließ Hannes die Leitung heiß klingeln. Isabel blieb stumm. Kurz vor der Wache drosselte der Wagen das Tempo. Stille umgab uns. Eine unheimliche Stille. »Bis einer weint«, hörte ich meine Mutter sagen. Hannes suchte meinen Blick. Eigentlich hatten wir uns seit damals nicht groß verändert. Wenn wir gekonnt hätten, hätten wir sicher geweint. Aber wir wussten ja, dass es nichts änderte. Stille. Nur der Atem meiner Komplizen war zu hören. Endlich wurde jene Stille durchbrochen, von Hannes' Handy. Es war Isabel, in letzter Sekunde. Noch fiel es Hannes schwer, zu ihr durchzudringen. Seine Frau war außer sich. Dass sie dem miesen Sack 'nen Tritt in selbigen verpasst hätte und dass sie ihm wünschte, seine Familienplanung auf ewig zerstört zu haben. Ich rutschte auf dem Beifahrersitz hin und her. Ja, ich spürte die Wut der kleinen Dame noch immer deutlich. Endlich gelang es Hannes, die Situation aufzuklären. Nun wurde es auf der anderen Seite der Leitung still.

Wenig später fuhren wir zu Hannes. Dort erwartete uns Isabel. Zur Begrüßung ohrfeigte sie ihren Mann, fiel ihm dann weinend um den Hals. Mal wieder hatte meine Mutter recht behalten.

Nathalies Spagat

Julia (33), Autorin, Berlin, über Nathalie (36), Künstlerin, Berlin

Die kleine Nathalie. Da sitzt sie mir gegenüber, lächelt schelmisch, wartet darauf, von mir interviewt zu werden. Auf der Internetplattform *Fetischpartner.de* habe ich sie gefunden. So was wie Facebook für Perverse. Ich stelle eigentlich nur eine Frage und bekomme sogleich ihr ganzes Leben erzählt. Erstaunlich.

Bei ihrer ersten Ballettstunde war Nathalie gerade mal sieben Jahre alt. Das sei spät für jene, die Ballerina werden wollen, so erklärte damals ihre Ballettlehrerin. Madame Stürmer kam aus Niedersachsen und sprach eigentlich Hochdeutsch. Jedoch bemerkte man dies eher selten. Sie bevorzugte es, auf Französisch zu unterrichten. Ausnahmen machte sie nur bei neuen Übungen, längeren Ausführungen selbiger und, natürlich, wenn sie ihre Schülerinnen tadelte. Dann sprach sie in ihrer Muttersprache. Allerdings tat sie dies aus unerklärlichen Gründen mit einem französischen Akzent. Nathalie und die anderen beschwerten sich nie, selbst wenn sie kein Wort ihrer strengen Lehrerin verstanden. Zu keiner Zeit wäre eine von ihnen auf die Idee gekommen, die Methoden anzuzweifeln. Madame Stürmer maßregelte die Mädchen unentwegt. Nathalie war stets fasziniert über die blumige Wortwahl von Madame.

»Verziehen Sie Ihre Gesichter nicht, als hätten Sie Zitronen im Mund. Besitzen Sie denn keinen Stolz? Ausdruckstanz sollte Würde besitzen, meine Damen«, hieß es dann. Oder: »Haltung! Nehmen Sie den Wackelpudding aus den Beinen.« Oder: »Ich will gerade, feste Kerzen sehen, die selbst über dem Feuer nicht zu schmelzen beginnen.«

Hin und wieder streute Madame Stürmer einzelne französische Worte in ihren Unterricht ein. Meistens wenn sie Lob verteilte. »Formidable, Tina.« – »Magnifique, Johanna!« – »Bien, Franzi.«

Eher selten hörte Nathalie dabei ihren eigenen Namen, obwohl er doch so wunderbar französisch war und allein deshalb unterrichtskonformer gewesen wäre. Ganz egal wie sehr sie sich bemühte, immer schienen ihr die anderen ein Stück voraus. Die erste Hälfte des Jahres wurde hart trainiert. Den Spagat beherrschten die meisten der

Mädchen bereits vor Beginn ihrer frühen Ballettkarriere, Nathalie jedoch musste hart an sich arbeiten.

Sie erinnert sich, wie Madame Stürmer über ihr gestanden und sie erbarmungslos bis an die Schmerzgrenze hinunter gedrückt hatte. Kurz überm Boden machten ihre Beine einfach nicht mehr mit. Während die anderen Mädchen widerstandslos in den Spagat glitten, mühte Nathalie sich unter Qualen ab. Ohne Madame Stürmer jedoch hätte sie aufgegeben. Die strenge Madame war unerbittlich. Aus heutiger Sicht betrachtet, könnte man meinen, sie war aus Stein. Wenn ein kleines Mädchen mit tränenschimmernden Augen ihr Herz nicht erweichen konnte, wer konnte es dann? Dessen ungeachtet vergötterte Nathalie ihre Lehrerin. Sie war so viel mehr als ein Vorbild. Sie leuchtete. Und als sie acht Jahre alt war, drückte sie Nathalie zum ersten Mal zu Boden. Vergebens wartete die auf ein »Formidable, Nathalie«, oder wenigstens »Bien, Nathalie«. »Na bitte«, sagte sie stattdessen.

Die andere Hälfte des Jahres trainierten die Mädchen für ein neues Bühnenstück. Natürlich bekamen nur die Besten unter ihnen den Platz in der Mitte der Bühne, im Mittelpunkt. Nathalie blieb stets im Hintergrund und tanzte sich lediglich in die Herzen ihrer Eltern und Freunde, die gekommen waren. In den ersten Jahren war ihr dies zwar nicht genug, aber es erfüllte sie trotz allem mit Glück, von ihren Eltern gelobt zu werden. Wen Nathalie aber vor allen anderen stolz machen wollte, war Madame Stürmer, deren strenge Lehre zu ihrem Lebensinhalt geworden war. Die Schule bedeutete ihr wenig. Dennoch war sie keine schlechte Schülerin. Nichts war wichtiger als das Tanzen. Die Jahre vergingen und Nathalie blieb dran. Es war nicht nur ihr Ehrgeiz, der mit der Zeit herangewachsen war. Im Spiegel hatte sich auch einiges verändert. Haare beckten ihren Schamhügel und ihr waren Brüste gewachsen. Nathalie war nie die dünnste in ihrer Tanzgruppe gewesen. Obwohl sie Diät hielt. All den Süßkram, den viele ihrer hagereren Mitstreiterinnen mit Genuss verschlangen, verkniff sie sich. Bloß diese Brüste ließen sich nicht weghungern. Im

Gegenteil: Sie wurden immer größer. Kein Entrechat mehr, ohne das Gewicht am Oberkörper zu spüren. Keine Pirouette, ohne dass die Schwerkraft an ihr riss. Einzig und allein das Grand Plié ließ sie ihre Verwandlung nicht spüren. Die tiefe Kniebeuge, bei der es darauf ankam, die Muskeln so wenig wie möglich zu beanspruchen. Man sank einfach hinab, fast wie beim Spagat, bloß dass die Füße dabei am Boden blieben.

Hinzu kamen die Träume. Wilde Fantasien, in denen Madame Stürmer ihr die Brüste wegband, sie ohrfeigte für das lästige Fleisch, das an ihr wucherte. Sie kroch auf dem Boden, küsste Madames Füße, zerfloss vor lauter Erregung. Feuchte Träume.

Als Nathalie 16 Jahre alt war, verließ Madame Stürmer die Ballettschule. Sie und ihr Mann, von dem Nathalie bis dato nicht einmal gewusst hatte, verließen Niedersachen und zogen in ein anderes Bundesland. Nathalie war am Boden zerstört. Es dauerte nicht lange und Madame Stürmer wurde ersetzt. Frau Kluge war eine junge, dynamische Frau, die frischen Wind in die Ballettschule bringen sollte. Für Nathalie aber war sie vor allem das, was Madame Stürmer nicht war: gutmütig, geduldig, nachgiebig und modern. Zwei Wochen nach Madame Stürmers plötzlichem Rückzug kehrte Nathalie ihrer Karriere als Ballerina den Rücken.

Heute ist Nathalie 36 Jahre alt. Gerade hat sie ihre Geschichte abgeschlossen und nimmt nun friedvoll lächelnd einen Schluck Tee. Nicht ohne Grund habe ich sie nach ihrer Vergangenheit gefragt, denn ich weiß, dass Nathalie einen bestimmten Fetisch hat. Ich wollte herausfinden, ob etwas in ihrem Leben diese spezielle sexuelle Neigung geprägt hat. Nathalie liebt es, Ballettkleidung zu tragen. Vor allem aber, wenn sie diese Kleidung für jemanden tragen darf, der sie demütigt und züchtigt. Nichts anderes stimuliert Nathalie so sehr wie die Verwandlung zur Ballerina.

Jetzt da ich ihre Geschichten gehört habe, schaue ich sie staunend an. So bunt und detailgenau hat sie erzählt, dass ich wie gebannt zugehört habe. Im Grunde bleiben keine Fragen offen. Frech grinsend sitzt Nathalie nun da, blinzelt erwartungsvoll. »Und das ist wirklich alles so passiert?«, frage ich, eigentlich bloß aufgrund meines Erstaunens. Doch Nathalies Antwort trifft mich erneut.

»Nein. Natürlich ist nichts davon so passiert«, lacht sie. »Aber hätte ich dir von dem normalen Mädchen aus Braunschweig erzählt, das niemals in ihrem Leben Ballettunterricht hatte, wärst du enttäuscht gewesen. Die Wahrheit hätte wohl kaum in ein Buch gepasst.«

Die schönsten Unfälle passieren zu Hause

Mona (27), Dolmetscherin, Berlin, über Markus (33), Musiker, Berlin

Die dominante Dame hat es nicht immer leicht. Schließlich muss sie Drahtzieher, Ideenentwickler, Stratege und Göttin zugleich sein. Speziell beim allerersten Treffen. Der devote Bewerber, dessen Kopf natürlich voller Fantasien steckt, hat hohe Erwartungen. Am besten fährt sie, indem sie ihn für sich arbeiten lässt. Eine schöne Aufgabe, das ist es, was er braucht. Auf diese Weise kann sie erst einmal emotionsbefreit und pragmatisch an die Sache herangehen.

Es ist ein Zwei-Fliegen-mit-einer-Klappe-Prinzip. Zum einen zeigen sich der Wille des Mannes und seine Dienstbereitschaft. Führt er die Arbeit gewissenhaft aus, hat er Ehrgeiz? Oder macht er auf halber Strecke schlapp? Vollblutdiener, mit Hingabe bei der Sache? Oder blutiger Anfänger? Gefangen zwischen Stolz und Sehnsucht? Jede dieser Eigenschaften besitzt ihre Vor- und Nachteile. Frau muss nur zu reagieren wissen. Die Antwort heißt in jedem Fall: Gelassenheit. Zum anderen ist es eine Möglichkeit, die Wohnung zu optimieren. Sei es eine Farbveränderung der Wände, eine Grundreinigung der sanitären Anlagen oder aber das Aufbauen eines Kleiderschranks, wie im Fall des schönen Markus'. So oder so sollte dem ersten Date nicht zu viel dominante Dienstleistung innewohnen, denn der Erwartungsberg des Anwärters muss erst einmal schrumpfen.

Der schöne Markus war voller Sehnsucht, als er bei mir vor der Tür stand. Seine Augen, blau und groß, seine Finger linear und zart, das Haar blond und schulterlang. Das allein hätte schon genügt, um ihm meine Zehen zwischen die Lippen zu stoßen. Aber erst sollte er seine Arbeit verrichten. Das Pax-Schrankmonster, erst kürzlich von einer schwedischen Möbelkette geliefert, sollte sein Debüt in der Ecke des Schlafzimmers feiern. 16 Quadratmeter waren nicht gerade viel Platz, wenn man Bett, Truhe und Kommode bedachte. So stand der schöne Markus vor seiner Aufgabe und lächelte seelenruhig. »Mach ich gern«, sagte er und traf mich direkt ins Herz.

Er fuhrwerkte, hantierte, schraubte und baute munter vor sich hin. Zwischendurch warf er mir flüchtige Blicke zu, lächelte verschmitzt. Ich war überwältigt. Keine lästigen Provokationen, kein blödes Gesieze, keine ungewünschten Kniefälle zwischendurch. Vom Bett aus beobachtete ich, wie Markus' Armmuskulatur arbeitete, wie sich eine kleine Stirnfalte zwischen den Augen bildete und wieder verschwand. Bezaubernd. Zwischendurch ließ ich ihn Kaffee kochen. Er selbst durfte sich eine Cola nehmen, denn er sah durstig aus. Zum Trinken durfte er sich ans Bettende zu meinen Füßen setzen. Von seinem Fußfetisch hatte er mir bereits bei einem Telefoninterview erzählt. Nun testete ich seine Standhaftigkeit. Doch auch diesen Test meisterte er, ohne in Versuchung zu geraten. Dies wiederum steigerte mein Verlangen beinahe ins Unermessliche. Eine Dame möchte zwar nicht überrannt, aber dennoch möchte sie begehrt werden. Der schöne Markus machte keinerlei Anstalten, mir den Hof zu machen. War er zu schüchtern? Oder lag es gar an mir?

Nach seiner Cola fragte er, ob er weitermachen dürfe. Unentschlossen nickte ich. Der Schraubenzieher, den er dann zur Hand nahm, weckte unanständige Gelüste in mir. Dieser grüne Gummigriff sah verlockend aus. Wie ein Dildo. Man könnte doch … ich betrachtete seinen Hintern. Stellte ihn mir ohne Jeans vor. Oh ja … man könnte wirklich …

Mit einem Satz stand ich vorm Bett, neben dem Skelett des Schrankes, in dem kleinen Stück Zimmer, das geblieben war. Markus zuckte zusammen, drehte sich um. Meine Augen waren auf den grünen Plastikgriff gerichtet. Voller Gier riss ich ihn aus seiner Hand. Wie von selbst sank Markus zu Boden. »Was haben Sie vor, Madame?« Knien und Siezen, also doch. Beinahe hatte ich es schon vermisst. Aber Madame? Das war neu.

»Dreh dich um, den Oberkörper aufs Bett.« Folgsam legte er seinen Rumpf auf dem Bett ab. Meine Hände befühlten den Gürtel seiner Jeans, öffneten ihn, zogen an der Jeans, zogen. Ganz schön eng. Zum Glück war Markus behilflich. Die Hose rutschte in die Kniekehlen, die engen Boxershort ebenfalls. Vor mir lag mein Spielfeld. Weiß zwar, aber sehr knackig. Meine Hände begannen daran herumzukneten, gefolgt von eine paar Schlägen. Oh ja, jetzt begann die Sache interessant zu werden. Meine Vorsätze waren längst über Bord. Wer braucht schon einen Kleiderschrank. Rote Abdrücke, Kratzer. Markus grunzte. Den Schraubenzieher hatte ich neben seinen Kopf aufs Bett gelegt. Aus dem Nachttisch fischte ich mein Gleitgel, verteilte es über dem Griff.

»Wollen wir doch mal sehen, was dieses Werkzeug hier taugt!«, rief ich. »Neeeein«, jammerte es von unten. Doch ich kaufte ihm sein Gejaule nicht ab. »Sicher?«, fragte ich nach. »Nein«, kam es kleinlaut zurück. Wusste ich es doch. Kennste eenen, kennste alle. Vorsichtig schob ich seine Pobacken auseinander, setzte den Griff an, schob. Wie flott das ging. Unter mir maunzte es. Innerlich jubelte ich. In meiner Gier schob ich noch ein Stückchen nach. Und noch ein Stück und noch eins. Gerade so, dass ich das Ende des Griffs noch mit Daumen und Zeigefinger halten konnte. Das Gleitgel an meinen Fingern hatte ich nicht bedacht. Je mehr von dem Griff in Markus verschwand, desto mehr wollte Markus' Hintern ihn. Manchmal reicht ein Sekundenbruchteil, um einem bewusst zu machen: Das wars. Es gibt kein Zurück. Flupp, verschwand der gesamte Schraubenzieher in den unergründlichen Weiten vom schönen Markus. Bloß der Kreuzschlitz-Kopf ragte noch einen Zentimeter heraus. Wie war das noch? Frau muss nur zu reagieren wissen. In jedem Fall heißt die Antwort: Gelassenheit. Glücklicherweise hatte Markus nichts von dem kleinen Unfall bemerkt. Die Augen geschlossen, flog er durch den Raum. »Beweg dich nicht«, befahl ich. Obwohl dies zu seiner eigenen Sicherheit gewiss beitrug. Erst mal Hände waschen, dann mit Mehl bestäuben. Wie die Turnerinnen, damit sie festen Halt bewahrten. Ja, der war von Nöten. Fester Halt. Vorsichtshalber nahm ich das Mehl mit mir.

Im Schlafzimmer hatte Markus inzwischen herausgefunden, wie es um ihn stand. »Darf ich eine Frage stellen?«, murmelte er. »Wenns sein muss«, antwortete ich. »War das da …«, er deutete auf sein Hinterteil, warf den Kopf in den Nacken, »Absicht?«

»Was denkst du denn? Denkst du, ich stecke dir aus Versehen einen Schraubenzieher in den Arsch?« Meine Gelassenheit musste ich in der Küche vergessen haben. »Stillhalten!« Eine Ladung Mehl vernebelte mir kurzzeitig das Sichtfeld. Dann lag mein Werk gepudert vor mir. Meine Hand griff nach dem kleinen Metallende, ich zog, zerrte, rutschte ab, trotz Mehl. Noch ein Versuch und noch einer. Die Antwort hieß immer: Gelassenheit.

»Geh ins Bad und hol das Ding da selber raus. Schließlich brauchen wir es noch.« Umständlich zerrte er seine Jeans nach oben, damit er aufstehen konnte. Den Hintern aber ließ er blank. Besser war das. Nicht auszumalen, was passiert wäre, wenn er gänzlich in ihm verschwunden wäre. Zudem gehört der Schraubenzieher meiner Mitbewohnerin. »Entschuldige bitte, Carmen, ich habe deinen Schraubenzieher versehentlich in einem meiner Subs verloren.« Nein, nein, so weit würde es nicht kommen. Etwas ängstlich tapste Markus ins Bad. »Gib dir Mühe!«, murmelte ich.

Zehn Minuten später. Noch immer war er nicht zurück. Vielleicht sollte ich mal nachsehen, ob alles in Ordnung war. Im Flur blieb ich vor der Tür zum Bad stehen. Vorsichtig klopfte ich an, rollte durch einen Spalt in der Tür das Gleitgel ins Badezimmer. »Versuch es damit.« Kein Mucks. »Alles ok?« Kein Mucks. Wieder klopfte ich. So langsam machte ich mir ernsthafte Sorgen. Klopfen. Nichts. Jetzt reichte es aber. Ich riss die Tür auf. Niemand da. Im Flur standen keine Schuhe mehr. Markus war gegangen.

Verstört und traurig ging ich zurück ins Schlafzimmer, stand vor dem unfertigen Schrankmonster. So viel zum Thema zwei Fliegen mit einer Klappe. Und der Schraubenzieher war auch weg. Es bleibt zu hoffen, dass ich dem schönen Markus niemals zufällig über den Weg laufen werde. Na ja, auch in diesem Fall heißt die Antwort wohl: Gelassenheit.

11. ERLEBNIS

Rumpelstilzchen

Liz (27), Schauspielerin, Hamburg,
über Rik (40), Vertriebler, Hamburg

D as ist Kunst aus meiner Heimat«, sagt er, hält mir eine CD hin. Ein überzeichnetes Grinsen im Gesicht, Plakatlächeln. Unecht, ohne Herz. »Das muss ich mit dir teilen, unbedingt!«

»Kunst ist nur so groß, wie man sie teilt«[*], zitiere ich einen Musiker, fühle mich geistreich.

Er trägt ein schwarzes Sakko, zur Bluejeans. Seine feinen Schuhe hat er an der Garderobe gelassen. So wie ich auch. Hygiene sei ihm wichtig und Zeit zum Putzen sei immer, man müsse nur seinen inneren Schweinehund besiegen. Das sei ganz leicht. Seit er diese Motivationsseminare gemacht habe, wovon er mir bei Gelegenheit erzählen werde, sei alles ganz einfach. Vergeblich suche ich nach dem Tiefsinn seiner Worte, nach einem Funken in seinen Augen, nach etwas, das ihn lebendig macht. Vielleicht ist er nur nervös. Ja, er wird aufgeregt sein und braucht seine Zeit. Mir geht es ähnlich.

Eine Wohnung mit Stil, denke ich. Ein großzügiges Sofa, cremefarben, davor ein Tisch aus unbehandeltem dunklem Holz. In den Lücken zwischen den Möbelstücken finden sich ethnisch anmutende Dekorationen. Vasen, aus denen lange Stile ragen, getrocknetes Holz. Geschnitzte Figuren. Wie *Schöner Wohnen*, aber nicht gerade schönes Wohnen. Meine Augen suchen, klettern in die Regale hinein, kriechen in jede Ecke des Raumes. Da ist nichts, außer Deko. Keine Fotos, keine Papierstapel. Die Kunst an den Wänden, ebenfalls bloß geliehen statt gelebt. Das kann man sehen. »Kunst ist nur so groß, wie man sie teilt«. Er teilt nicht viel, nicht gern. Ein Eigenbrötler ist er. So hat er sich auch beschrieben in der Anzeige. Dass er auf der Suche sei nach einer Teilzeithure, mit der er gewisse Momente teilen kann. Aber eben kein Leben. Das ist mir recht. Ich komme gerade erst aus einer Beziehung und suche ein Abenteuer. Demnach kann es mir egal sein, mit welchen Inhalten er sein Leben füllt oder eben nicht füllt. Sex, das ist es, weshalb ich hier bin.

---

[*] Spaceman Spiff in »Tee«, aus: »... und im Fenster immer noch Wetter«, 2011.

Mit Daumen, Zeige- und Mittelfinger zupfe ich die CD aus seiner Hand. Wieder dieses Grinsen. Dominanz erkenne ich darin nicht. Dabei sehne ich mich danach, sehr sogar. So war es abgemacht. In den Mails habe ich meine Wünsche beschrieben. Dass ich geführt werden will, verführt werden will. Eine starke Männerhand in meinem Nacken bewirkt, dass ich mich verliere. Ich will mich auf weißen Laken ergeben, mich ficken lassen, bis ich nicht mehr kann. Er könnte diese starken Hände haben, auch wenn seine Körpergröße, sein gesamtes Auftreten, dieses Grinsen vollends dagegen sprechen. Doch ich erlaube ihm, ein Mensch zu sein, bevor ich meinen König in ihm erkenne. Deshalb will ich geduldig sein, mir seine CD anhören, während er sich umzieht, wie er sagt. Das Outfit für die nächste Fetischparty will er mir zeigen. Wenn alles gut läuft, darf ich ihn begleiten. Ich darf … Ein erster Hinweis auf unsere Rollenverteilung. Der CD-Player öffnet sich, schließt sich, ich drücke »Play«.

Bauarbeiterjargon schlägt mir entgegen. Eine raue Männerstimme, stark rheinländischer Dialekt, flache, sexistische Witze. Mit fast allem hätte ich gerechnet, aber mit derart hirnlosen Monologen keinesfalls. »Geil, oder!«, höre ich ihn aus dem Nebenzimmer rufen. »Isch bin doch in Kölle jeboren.« Das erklärt einiges. Mit der Rechtfertigung, dass mir gerade eher nach stimmungsvoller Musik ist, rutsche ich vom Sofa auf den Boden, um die Anlage auszumachen. Da höre ich seine Stimme hinter mir. »Das ist Mundart!«

So wie er das sagt, weiß ich, dass er sich langsam entspannt. Da fühle ich auch schon eine Hand in meinem Nacken. Na endlich. Noch immer auf dem Boden kniend, drehe ich mich um. Meine Augen sind geschlossen, denn ich genieße die sich ausbreitende Gänsehaut. Follikel um Follikel um Follikel. Was ist schon rheinländisches Gefasel gegen meine Mundart, denke ich, in der Absicht, ihn an mich zu reißen und zu küssen. Doch etwas hindert mich daran. Neben mir kniet nicht derselbe Mann, der mir vor einer halben Stunde die Tür geöffnet hat. Er hat sein Gesicht, seine Statur, dennoch: Er ist verändert. Es könnte am Outfit liegen, aber da ist noch etwas anderes. Als könnte er Gedanken lesen, steht er auf, zeigt sich, beschreibt den Stoff seines Kostüms. Ja, es ist ein Kostüm, was er trägt, und sein Gesichtsausdruck trägt es mit. Eine weiße Latexhotpants – sein Arsch ist winzig, sein eingezwängter Schwanz ebenfalls. Dazu: Hohe Latexstiefel, bessere Gummistiefel eben. Das wars, könnte man meinen, aber es scheint, als habe sein Gesicht ebenfalls das Outfit gewechselt. Düstere Miene, kein dämliches Grinsen mehr. Die Brauen eng zusammengeschoben verkündet er: »Du wirst Pisse trinken, Schlampe.«

Etwas befremdet rutsche ich wieder zur Couch, krabble auf den Sitz, schweige. Habe ich richtig gehört? Mir fehlen nicht bloß die Worte, es gibt an dieser Stelle einfach nichts mehr zu sagen. Das kleine Männlein im Plastikschlüpfer macht einen Satz nach vorn. Rumpelstilzchen, denke ich. »Was fällt dir ein?! Mein Outfit gefällt dir doch, Schlampe. Das weiß ich genau.« Ja, ich mag Latex, da hat er recht. Das habe ich ihm nicht erzählt. In meinem Profil auf der Internetplattform, in der wir uns kennen lernten, gibt es Neigungskästchen, die man anklicken kann. Dort habe ich Latex und Nylons angeklickt. Gemeint war damit, dass ich selber die Materialien gern trage, nicht aber mein Partner. Wutschnaubend tritt der Zwergenmann von einem Bein aufs andere. »Pisse! Du wirst meine Pisse trinken«, ruft er unentwegt. Ich denke an Rumpelstilzchen, wie er ums Feuer stapft, sich stetig wiederholend.

»Heute back ich, morgen brau ich … «

»Vielleicht … ich glaube … ich sollte besser gehen«, merke ich an. Meine Körperhaltung, mein Gesichtsausdruck, alles schreit nach Abwehr und Flucht. Doch Rumpelstilzchen lässt nicht locker: »Du bist geil auf meine Pisse. Sträub dich ruhig. Ich kenne diese Schlampentricks.«

»Heute back ich, morgen brau ich, übermorgen hol ich der Königin ihr Kind …«

So absurd und komisch die Situation auch wirkt, langsam wird mir etwas mulmig zumute. Womöglich bin ich an einen Psychopaten geraten. Niemand weiß, dass ich hier bin. Er sollte mein schmutziges Geheimnis sein, jetzt könnte es sogar mein letztes werden. Als ich aufstehe, baut er sich vor mir auf, greift mir ins Haar. Die Schmerzen zwingen mich auf die Knie. Kraft hat er, trotz der Körpergröße. Ich bin schwächer. Mein Rücken auf dem Boden, er sitzt auf meinem Bauch. Inzwischen hat sich das Latex an einer Körperstelle nach oben gewölbt. Unter dem Bauchnabel ragt seine Schwanzspitze heraus.

»Heute back ich, morgen brau ich …«

Schreien, Kratzen, Treten, nichts hilft. Rumpelstilzchen ist fest entschlossen. »Pisse! Da stehst du drauf!«, ruft er, klappt das Latex weiter hinunter, entblößt seinen Ständer. Schlagartig bin ich ganz ruhig. Sachlich erkläre ich, dass ich nicht so weit bin. »Das geht mir alles zu schnell. Können wir nicht mit einem Kaffee beginnen?«, sage ich.

»Kein Problem«, sagt er, steigt ab und verschwindet im Bad. Das ist meine Chance, denke ich. Schnell weg, wer weiß, was er aus dem Badezimmer mitbringt. Ein kurzer Sprint zum Flur, schnell in die Schuhe geschlüpft, die Jacke vom Haken. »Nicht so eilig!«, ruft er. Wieder klingt seine Stimme anders. Als ich mich umdrehe, blicke ich in das vertraute Kataloglächeln. Der hässliche Zwerg ist fort. Dennoch möchte ich gehen. »Meine Schöne, ich wollte dich nicht erschrecken.«

»Kein Ding. Aber ich möchte jetzt lieber gehen«, mime ich Gelassenheit. Bloß keine Schwäche zeigen, keine Angriffsfläche. Mein Herz hat sich noch immer nicht beruhigt. Seine Hand wandert in meinen Nacken. Gänsehaut, dieses Mal vor Ekel. »Ich fahre dich heim.« Mir ist nicht ganz klar, weshalb ich zustimme. Womöglich will ich ihn in Sicherheit wiegen. Ihn glauben machen, dass er noch eine Chance hat, damit er nicht in Rage gerät.

Im Auto wird eine Weile geschwiegen. Dann beginnt er mit Small Talk, findet einen ungeschickten Übergang zum Verlauf des Abends, zum Thema Fetisch. Was ich von Pipispielen halte, will er wissen. Das sei nämlich sein Fetisch. Wäre ich niemals drauf gekommen, denke ich. »Ach so«, sage ich und schaue aus dem Fenster. »Ist nicht ganz so meins.«

»Da gewöhnst du dich schon dran«, lächelt er und fügt hinzu: »Aber erst mal trinken wir Kaffee.« In mir schüttelt sich alles. Ob ich jemals wieder Kaffee trinken kann, ohne an andere Flüssigkeiten zu denken, ist fraglich.

Etwa 2 Kilometer vor meiner Wohnung lasse ich ihn halten. »Hier kannst du mich rauslassen.« Mit schief gelegtem Kopf und noch schieferem Lächeln verkündet er: »Eine schöne Frau sollte um diese Zeit nicht allein durch die Straßen streifen. Ich bringe dich bis vor die Haustür.« Meinetwegen. Ich lotse ihn in eine Straße, die ich nicht einmal kenne. Vor einem grünen Altbau lasse ich ihn parken. Meine Wangen glühen, als er den Motor ausmacht, aussteigt, ums Auto läuft, um mir zu öffnen. »Welcher Stock?«, fragt er. »Dritter«, lüge ich. Sein Arm liegt um meine Taille, so erreichen wir den fremden Hauseingang.

»Dritter Stock, also … ähm …« Mit dem Finger fährt er über die Namensschilder. »Özdemir wirst du wohl kaum heißen … ?« Schnell schaue ich auf die Alternativen. Das ist nur ein weiterer Name im dritten Stock. »Schubert!«, rufe ich und bin mir sicher, dass er mich längst durchschaut. Zu meiner Überraschung macht er einen Knicks, deutet einen Handkuss an und geht. Ich bleibe stehen, krame in meiner Handtasche, tue so als suchte ich meinen Schlüssel. Aus dem Augenwinkel sehe ich ihn gehen, er steigt ins Auto, startet den Motor. Als er losfährt, atme ich auf. Plötzlich stoppt er, kurbelt das Fenster hinunter, winkt mich zu sich. Wie ferngesteuert tapse ich zur Straße. Rumpelstilzchen ist zurück. »Und beim nächsten Mal pisse ich dich an!« Dann fährt er. Ach wie gut, dass er nicht weiß, dass ich gar nicht Schubert heiß.

Die mit dem Geheimnis

Rabea (37), Softwareentwicklerin, Hamburg,
über Nora (36), Hausfrau, Hannover

Gehen wir einmal zurück in die Zeit der Unschuld. Eine Zeit voller Rätsel. Der eigene Körper, ein wahrhaftiges Mysterium. Ständig ziept es in der Brust, dort wo sich Knospen aus den winzigen Warzen bilden. Borstige Haare stechen sich durch die Follikel des Schamhügels, auch unter den Armen sprießt es. Man riecht auf einmal, so bekommt man es von der Mutter gesagt, die einem heimlich ein Deo zusteckt. Im Höschen hin und wieder eine weißliche, schleimige Substanz. Eine Katastrophe. Oder wieder etwas Neues auf dem Weg zur Frau? Augen zu und durch, bevor man sich verrückt macht. Dann, irgendwann, das Blut. Eine wirklich scheußliche Sache, diese Pubertät. Man ist sicher, dass man sterben muss. Weshalb sonst sollte man bluten? Man ist sich ganz sicher, dass die Krämpfe im Unterleib eine unheilbare Krankheit prophezeien, und bereitet sich vor, auf das Unvermeidbare.

So lange, bis man sich endlich traut zu fragen. Irgendwen. Die große Schwester (wie in meinem Fall), die Nachbarin, die Vertrauenslehrerin, manchmal auch die beste Freundin oder sogar einen Arzt. Zumindest dann, wenn im Elternhaus der Zeitpunkt der Aufklärung versäumt wurde – wie bei mir. Wie bei vielen, wie ich inzwischen weiß. Eines ist jedenfalls sicher. Das erste große Gespräch über die Wahrheit vergisst man wohl nie.

So schlimm und peinlich die Sache für beide Parteien zu sein scheint, so nötig ist sie dennoch. Mir wäre eine Menge Psychoterror erspart geblieben, hätte ich gewusst, weshalb meiner Vagina erst ein Bart wächst, sie dann seltsame Substanzen und schließlich Blut ausspeit. Ohnehin war ich während der Pubertät ständig den Hormonen ausgeliefert und verstand die Welt nicht mehr. Stimmungsschwankungen, Schamhaare, Brüste, Pickel, fettiges Haar, Verwirrung, Ausfluss, Blut … das volle Programm. Als ob dies alles nicht schon kompliziert genug gewesen wäre, kam bei mir eine weitere Sache hinzu: die Liebe. Ich war unglücklich verliebt. An sich ja nichts Außergewöhnliches. So etwas passierte jeden Tag, überall auf der Welt. Jedoch hatte ich nicht, wie die anderen Mädchen meines Jahrgangs, mein Herz an einen Jungen verschenkt. Nein, ich liebte Nora, die Tochter von Frau Wultke.

In einem kleinen Dorf in Niedersachsen bin ich groß geworden. Ein Kaff, winzig, von viel Wald umgeben, am Rande der Leine gelegen. Es war ein schönes Fleckchen Erde, wenn auch sehr kleinbürgerlich. Meine Mutter war Mitglied des Kirchenvorstands und organisierte ständig irgendwelche Dorffeste, bei denen die Gemeinde zusammenkam, um Lieder zu singen. Alle haben immer und ständig gesungen damals. Lieder über Gott und Jesus, Lieder über die Welt, die Natur und die heilige Maria. Lieder über die Liebe waren auch dabei. Aber nicht über diese unklare, irdische Liebe. Meine Mutter war immer vorne mit dabei. Ganz egal, ob es Flohmärkte, Kinderfeste, Basare oder gemeinsame Wettkämpfe waren. Gleich neben ihr: Frau Wultke. Auch sie war Mitglied des Kirchenvorstands und nicht minder engagiert. Der einzige Grund, weshalb ich meine Mutter gern begleitete, um zu helfen, war: Nora Wultke.

Sie war zwölf, ein Jahr jünger als ich. Diese Pubertät, von der meine Mutter ständig sprach, die mich und andere in meinem Alter befiel, schien sie noch nicht erreicht zu haben. Womöglich sollte sie sogar verschont bleiben. Haut wie Seide, perfekt bis in die Haarspitzen. Kein fettiger Ansatz, keine Mitesser. Ihrer Vagina war sicher kein Bart gewachsen. Sie war rein, lebendig, dazu nonchalant. Fast jeder beneidete sie auf dem Schulhof. Wie selbstsicher sie war. Die Achtziger standen ihr so gut. Viel sprach sie nicht. Das gehörte sich eben nicht für eine, die was auf sich hielt. Image war wichtig. Was sie an Worten sparte, glich sie mit Haarspray wieder aus. Die Frisur saß, zu jeder Zeit.

In Sachen Mode schaute ich mir alles bei anderen ab. Was in und out war, das wusste ich nicht. In der Schule beachtete Nora mich nie, grüßte nicht einmal. Dabei halfen wir regelmäßig gemeinsam unseren Müttern, verbrachten ganze Nachmittage zusammen. Wir falteten Servietten, zündeten Kerzen an, schnitten Kuchenstücke oder verpackten kleine Präsente, die am Ende jedes Festes bei der Tombola verlost wurden. Auch die Loszettel durften wir rollen und mit Gummibändern versehen. Die schönsten Schleifen band Nora um die Pakete, in einer Technik, die ich nicht beherrschte. Überhaupt fiel ihr nichts schwer, alles, was sie anfasste, gelang. Mit einer Beflissenheit und Sorgfalt arbeitete sie ihrer Mutter zu, dass man hätte meinen können, sie liebte, was sie tat. Doch hinter dem Rücken ihrer Mutter schnitt sie Grimassen, brachte mich zum Lachen. Manchmal nahm sie mich bei der Hand, schlich mit mir hinters Gemeindehaus. Hinter der Friedhofsmauer holte sie ihre Zigaretten aus der Tasche, steckte sich eine an, zog, als hätte sie ihr Leben lang nichts anderes getan, und hielt mir dann die Packung hin. Jedes Mal lehnte ich ab, erntete einen abwertenden Blick. Wie ich es liebte, sie anzusehen, und wie sie so tat, als spürte sie meinen Blick nicht.

Dass ihr bewusst war, was ich für sie empfand, glaube ich nicht. Dafür war sie wohl zu jung. Aber meine Bewunderung, die spürte und genoss sie. Die wenigen Momente der Nähe mit ihr waren mein Schatz. Auf dem Schulhof wurde ich dann wieder zu Luft, wie viele andere Schüler auch. Es gab Jungs, die sie erobern wollten, es gab Mädchen, die um ihre Freundschaft buhlten, und es gab mich, die sie still und heimlich liebte.

Fast ein Jahr ertrug ich ihre Ablehnung aus meiner passiven Position heraus. Es war das Jahr, in dem ich mir das Haar kurz schnitt und alles aus meinem Kleiderschrank eliminierte, was heller als schwarz war. Meine Mutter tat es als eine seltsame Modeerscheinung der Achtziger ab, aber sie fragte mich nicht mehr so oft, ob ich ihr helfe. Jedes Mal, wenn ich ein wenig mehr zu mir selbst fand, rückte etwas Vertrautes von mir ab, so schien es. Als sie mich dann doch wieder mitnahm, fand ich mich allein am Schleifchentisch wieder. Keine Nora. Mit Tanzunterricht hatte sie begonnen. Standard und Latein, so erzählte Frau Wultke stolz. Alles entglitt mir. Wütend auf die ganze Welt schnappte ich mir unseren Dackel Barney und ging spazieren. Das tat ich von nun an beinahe jeden Tag. Gleich nach der Schule. Ich war die Komische, ich war die mit dem Geheimnis. Das wussten alle. Wenn sie mich sahen, begannen sie zu flüstern, schauten mir nach, ohne zu wissen, dass ich auch hinten Augen besaß. Nur Nora schaute weg. Bemerkte mich nicht. Inzwischen ging sie mit einem Jungen Namens Björn. Ein pickliger blonder Kerl, der Fußball spielte und ihr vor allen Leuten Zungenküsse gab. Nora war für mich gestorben.

Barney war der Einzige der sich stets freute, mich zu sehen. Kein Wunder, denn unsere Runden am Waldrand wurden immer länger und abenteuerlicher. Wir suchten neue Wege durchs Geäst, sprangen über große Steine am Boden, über Büsche, liefen bis zur Leine. Es gab Tage, da stand ich einfach nur da, starrte auf den reißenden Strom des Wassers, wünschte, dass auch mein Leben solch ein reißender Strom sein würde, eines Tages.

Wie aus dem Nichts kam irgendwann die Überraschung. Einfach so. Längst war meine tägliche Runde durch den Wald Routine geworden. Da kreuzte sie beinahe unseren Weg: Nora Wultke. Augenblicklich erkannte ich sie an ihren Gang und ihrer rotblauen Jacke, die sie immer trug. Mein erster Impuls war, mich zu ducken. Mir gefiel die Vorstellung, sie aus einem Versteck heraus zu beobachten. So tat ich es im Grunde ja immer. Nur, dass sie sich sonst nie unbeobachtet fühlte, wie jetzt. Was machte sie bloß hier? Diese verlassene Gegend passte nicht zu ihr. Einen Hund hatte sie auch nicht. Was also trieb sie hierher? Je näher sie kam, desto mehr wollte ich mich zu erkennen geben. Aber das tat ich nicht. Barney hockte brav neben mir, wartete. Er war nicht mehr der Jüngste und machte keine Anstalten, uns zu verraten. Guter Junge. Nur wenige Meter entfernt passierte sie uns. Tatsächlich ging sie Richtung Leine. Wie ich blieb sie stehen, stand eine Weile an einem Fleck, blickte auf die wilde Strömung. Mit einem Griff in ihre Manteltasche zog sie eine Plastiktüte heraus. Mein Herz begann zu rasen. Als überprüfte sie, ob sie auch unbeobachtet war, sah sie sich um. Dann griff ihre Hand in die Tüte und zog etwas heraus. Aus der Entfernung erkannte ich nicht, was es war. Doch als sie versuchte, es ins Wasser zu werfen, wurde es vom Wind in drei Teile geteilt. Zwei davon landeten im Wasser, eines blieb am Ufer liegen. Etwas ungeschickt humpelte sie hinterher, griff danach, warf es erneut der Leine zum Fraß vor. Weg war es. Weg war auch Nora, denn sie lief so schnell sie konnte übers Feld, zurück ins Dorf. Seltsam.

Nach diesem Ereignis flammte meine Liebe zu Nora erneut auf. Ihr eitles Lachen war mir im Laufe der Monate zuwider geworden. Nun wusste ich: Wir hatten etwas gemeinsam. Auch Nora hatte ein Geheimnis. Niemand wusste es, nur ich allein. Nach der Schule wartete ich jeden Tag mit Barney in unserem Versteck. Doch Nora tauchte nicht mehr auf. Zu gern hätte ich gewusst, was es war, das Nora in den Fluss geworfen hatte. Zu gern hätte ich den Arm um sie gelegt, gesagt: »Du bist nicht die Einzige, die was zu verbergen hat.« Doch ich wusste ja nicht einmal, was es war. Wochen vergingen und ich begann zu verstehen, dass Noras Geheimnis nicht mit meinem zu vergleichen war. Sie hatte es einfach in die Leine werfen, es loslassen können. Womöglich für immer. Ich selbst aber trug meines mit mir und wusste nicht, wie ich mich davon befreien konnte. Barney und ich setzten unsere Streifzüge fort, denn an diesen Ort würde Nora wohl nicht so schnell zurückkehren.

Falsch gedacht. Ungefähr vier Wochen nach ihrem letzten Besuch sah ich sie übers Feld huschen, Richtung Leineufer. Schnell sprang ich in eine Hecke. Um ein Haar hätte sie mich gesehen. Eine Minute wartete ich in meinem Versteck aus Laub, dann sprang ich ihr nach. Es war Anfang November und die Tage begannen kürzer zu werden. Deshalb zog bereits der Nebel übers Feld und es wurde langsam dunkel, obwohl es erst halb sieben war. Schaurig schön, wie sie da stand, wieder ihre Tüte zückte, den Gegenstand in den Wind warf, der ihn zerteilte. Doch der Novemberwind war unstet und verteilte alle fünf Teile übers Ufer. Keines landete im Wasser. Ich hörte Nora fluchen, sie rutschte die Böschung hinab, um ihr Geheimnis den Fluten zu opfern. Ganz schön gefährlich, was sie da trieb. Um uns herum wurde es immer düsterer. Das war der Moment, der mich mutig machte. Wie von selbst stürmte ich samt Barney auf sie zu. »Warte«, sagte ich. Sie zuckte zusammen, drehte sich um, stieß einen kleinen Schrei aus. »Lass mich dir helfen«, murmelte ich, ohne sie anzusehen. Das wagte ich nicht. Gerade wollte ich nach dem fünften Teil greifen, das aussah wie ein Stofffetzen, da fuhr sie mich an. »Fass das nicht an! Das gehört dir nicht!« Augenblicklich gehorchte ich, versteinerte. Barney tänzelte um ihre Beine. »Was tust du überhaupt hier? Hast du mich verfolgt?« Der schönen Nora stand die Angst ins Gesicht geschrieben.

»Nein, ich gehe hier sehr oft mit meinem Hund spazieren, eigentlich jeden Tag.« Inzwischen hatte sich Barney um das fünfte Teil gekümmert. Den Stofffetzen im Mund jagte er aufs Feld und forderte uns zum Spiel auf. »Oh Gott, gib das wieder her, du Scheißvieh!«, rief Nora panisch. Lange fackelte ich nicht. Barney ließ mich ein Ende des Stoffes greifen, das andere Ende gehörte ihm. Sein Lieblingsspiel. So zogen wir eine Weile um die Wette, bis ich gewann. Und Nora verlor. Zumindest ihren Hochmut. Vor mir lag ein weißes Baumwollhöschen, im Schritt ein riesiger Blutfleck. Das kam mir bekannt vor. Nora kniete sich in den kühlen Acker. »Bitte erzähl niemandem davon«, schluchzte sie und weinte riesige Tränen. »Hat dir jemand wehgetan?«, fragte ich vorsichtig und legte meine Hand auf ihre Schulter. »Nein«, schluchzte sie, ich glaube, ich bin sehr krank. Aber meine Mutter darf das unter keinen Umständen erfahren. Die denkt dann nur, das wäre eine Strafe Gottes oder so. Vielleicht ist es das ja auch.«

In diesem Moment wusste ich, dass ich gar nicht so anders war. Selbst Nora hatte Pubertät. Hinzu kam, dass sie keine Ahnung hatte, was mit ihr geschah. Und so saßen Nora und ich an einem Abend im November auf der feucht-kühlen Erde eines Ackers und ich kam zu der Ehre, zum ersten Mal selbst jemanden aufklären zu dürfen.

Aus Nora und mir ist natürlich nie ein Paar geworden. Nicht einmal Freundinnen wurden wir. Ab und an hat sie mir zugenickt, sodass es keiner mitbekam. Aber die mit Geheimnis wollte ich danach nicht mehr sein. Zwei Jahre später hatte ich meine erste Freundin und ein weiteres Jahr später wussten sogar meine Eltern, dass ich 'ne Lesbe bin. Nora ist heute verheiratet und lebt wohl noch immer in dem kleinen Kaff. Das konnte mir nicht passieren. Doch auch wenn Nora mich damals nicht wollte, bin ich sicher, dass ich ihr für immer in Erinnerung bleiben werde.

13. ERLEBNIS

Hanne

Gela (27), Studentin, Bochum,
über Hanne (26), Studentin, bei Bochum

Hanne ist eine Einzelgängerin. Zwangsläufig, denn die anderen machen sie dazu. Zu den anderen zähle wohl auch ich, in gewisser Weise, denn Hanne ist komisch. Man hat weder Lust, sie länger zu betrachten, noch hört man sie gern reden. Sie riecht auch ein bisschen. Wonach, ist schwer zu sagen. In jedem Fall nach Schweiß und Küchendämpfen. Woher das kommt, verrät sie keinem. Einer der Erstsemester hat sie mal gefragt, ob sie Köchin ist. Auf die Antwort wartet er noch heute, warten wir noch heute. Denn trotz allem ist Hanne in unseren Köpfen. Sie ist Thema in der Mensa und auch bei gemeinsamen U-Bahn-Fahrten. Dann reden wir über ihre langen strähnigen Haare, ihre fahle Haut mit den roten Stellen auf ihren Wangen. Über den weißen Belag in ihren Mundwinkeln und die Speichelfäden zwischen ihren schmalen Lippen, wenn sie gähnt. Die Hand hält sie auch niemals davor. Und überhaupt … Ja Hanne ist Thema. Was wir nicht sagen: Hanne ist ein Genie. Das Studium meistert sie mit links. Maschinenbau – für Hanne ein Kinderspiel.

Im Gegensatz zu mir hat sie den richtigen Weg gewählt. Sie wird es leicht haben, einen Job zu bekommen. Hanne ist wirklich gut. Sie ist besser als wir alle. Das weiß jeder. Aus diesem Grund bin ich zu dem Entschluss gekommen, sie zu fragen, ob sie mir helfen kann, den Stoff des Semesters aufzuholen.

Tobi sagt, ich sei mutig. Franjo lacht und warnt mich vor Geschlechtskrankheiten. Die anderen sagen nichts, schauen mich an, als hätte ich eine folgenschwere Wahrheit verkündet. Aus der Ferne beobachte ich Hanne. Wie sie mit ihrem braunen Lederranzen auf dem Rücken über den Campus watschelt, wie ein Kind im Körper einer Frau. Die unsicheren Schritte, der Blick nach unten. Als wollte sie den Boden festhalten mit ihren Blicken, ihn sichern, damit er nicht wegbricht und sich kein Loch auftut, das sie in die Tiefe reißt. Hanne, die Außenseiterin. Wie spricht man einen solchen Menschen an? Wie mache ich ihr klar, dass ich es ernst meine? Nein, keine Verarsche, nicht dieses Mal. Wie spricht man einen solchen Menschen an? Einen Menschen, der in anderen immer bloß den Feind erkennen durfte.

An der Bushaltestelle fange ich sie ab. Nicht auf den fettigen Ansatz schielen, denke ich. Nicht auf einer öligen Hautpartie verweilen oder den Mundwinkeln. In die Augen. Nur in die Augen werde ich schauen. »Hanne«, sage ich, mache eine Pause, warte, bis sie sich umdreht. »Ich wollte dich mal was fragen.« Automatisch ziehen sich ihre ohnehin schon trägen Mundwinkel weiter runter. Ein Strichmund, wie mit einem Bleistift skizziert. »Was denn?«, fragt sie, klingt wie eine alte Frau. Augenkontakt, Lächeln. Jetzt erst sprechen. »Ich bin ja nicht so gut in ... und da habe ich mir gedacht dass ... Denn du bist ja gut in ... Das wissen alle.« Konzentriert starre ich in das Grau ihrer Augen, warte auf eine Reaktion. Etwas, das mir zeigt, dass sie verstanden hat. Vielleicht sogar auf Freude, eine Art Stolz. Immerhin habe ich gerade ihre Leistung anerkannt. Langsam öffnet sie den Mund, sagt: »Ja. Wann?« Knapp bemessen, aber ich bin froh darüber. »Wie wäre es jetzt gleich? Ich habe heute Nachmittag nichts vor.«

»Muss arbeiten heute. Aber das mache ich von zu Hause aus. Zwischendurch habe ich Zeit, dir Aufgaben zu geben und sie zu erläutern.« Eine Antwort wie aus dem Automaten. Schnell, mechanisch, unmenschlich. Fast habe ich etwas Angst vor Hanne. Dass ich mit zu ihr kommen würde, hatte ich nicht geplant. Eigentlich wollte ich sie zu mir einladen. Doch die Umstände haben entschieden.

Im Bus herrscht Stille. Kaum jemand fährt in ihre Richtung. Hanne wohnt weit draußen, irgendwo in einem Vorort von Bochum. Nicht ein Wort wird gesprochen, bis wir umsteigen. Den Rest fahren wir mit Hannes Auto. Ein alter Polo, aber ich bin beeindruckt. Selbst kann ich mir kein Auto leisten. Nach einer Weile Landstraße erreichen wir ein windschiefes Haus. Nicht schön, aber mit Charakter. »Wohnst du noch bei deinen Eltern?«, frage ich erstaunt. »Nein. Aber ich wohne in ihrem Haus.« Hanne ist also ein Waisenkind. Drinnen erfahre ich dann, dass ihre Großeltern ebenfalls dort leben.

Inzwischen wundert mich gar nichts mehr. Mitleid mischt sich mit Befremdung. Hanne hat schwer zu tragen, so scheint es.

Der obere Bereich des Hauses wirkt freundlicher. Dort wohnt Hanne. An einem Esstisch im Wohnzimmer nehmen wir Platz, sortieren unsere Unterlagen. Nicht einen Blick schenkt sie mir, während sie, kaum dass wir sitzen, die einzelnen Schwerpunkte unseres Semesters durchgeht. Auf einer Skala von eins bis zehn soll ich meinen Wissensstand abschätzen. »Ich sehe schon«, sagt sie dann, »wir haben eine Menge Stoff aufzuholen.« Wie sie jetzt dasteht. So unbeholfen und schmierig, hat sie dennoch etwas Forsches, Konsequentes an sich. »Ich muss jetzt erst mal eine halbe Stunde, vielleicht auch 'ne Stunde, arbeiten.« Sie schlägt das Buch auf, legt es mir vor die Nase. Wie selbstverständlich, als hätte sie bereits gewusst, dass ich sie heute fragen würde. Als sei sie vorbereitet auf Nachhilfestunden. »Lies dich mal hier rein in der Zeit. Wenn du Fragen hast, dann schreib sie auf.« Eine Strähne ihres braunen Haares fällt über ihre Schulter auf das Buch vor mir. Ich kann sie riechen, halte mir zwei Finger vor die Nase. Hanne riecht nach altem Schweiß, nach saurem Talg und auch nach Küche. Kein Wunder, ihre Küche ist offen. Auf dem Herd stehen verdreckte alte Töpfe. Die Platten sind schwarz, Spritzer an der Wand. Eine Katze streicht um meine Beine. Als ich sie berühren will, ziehe ich die Hand kurz vorher wieder zurück. »Wie der Herr, so's Gescherr«, denke ich. Das Fell der Katze ist speckig, wirkt nicht einladend. Eine alte Angorakatze. Braune Soße rinnt aus ihren Augen. Überzüchtete Kreatur. Armes Ding.

Hanne kommt zurück zum Tisch. In der Hand hält sie ein Telefon. Sie wählt eine Nummer. Ich blättere ein wenig in den Seiten vor mir, versuche, mich zu konzentrieren. Schließlich soll mein Besuch ja Sinn machen. Doch etwas lenkt meine Aufmerksamkeit von einer auf die nächste Sekunde um. Es ist Hannes Stimme und doch ist sie es nicht. Mit wem sie spricht, weiß ich nicht. Aber sie verhält sich anders, selbstbewusster irgendwie. Von irgendjemandem lässt sie sich eine Durchwahl geben. Mit den Augen im Buch, befinden sich meine Ohren bei Hanne. Zu Recht, denn was als Nächstes passiert, ist kaum fassbar. Da sitzt sie: Hanne, die Außenseiterin, sieht aus wie immer und sagt einfach: »Hallo Süßer, oh du willst also ficken. Ja, das gefällt mir. Ich ficke gern. Deine Stimme ist wunderbar, Süßer.«

Schockstarre. Telefonsex? Ausgerechnet Hanne? Wie von selbst klappe ich das Buch zu. Hanne bedient weiterhin billige Klischees. Es fallen Worte wie: »Muschi«, »feucht«,« tief« und »tiefer«. Ob ihr klar ist, dass ich mich auch in diesem Raum befinde? Die grässliche Katze springt auf den Tisch, Hanne krault ihr den Kopf. Hand und Kopf bewegen sich in einem eingespielten Rhythmus, fahren gegeneinander. Hanne stöhnt dazu im Takt. »Oh, oh, oh, ja, ja, ja, uh, uh, uh.« Immer dreimal. Die Katze schnurrt. Dass Männer auf so etwas reinfallen. Wenn die wüssten, wer am anderen Ende der Leitung vor sich hin müffelt ...

Nach einer Weile legt sie einfach auf. Keine Verabschiedung, gar nichts. Anscheinend wollte der Typ am anderen Ende der Leitung Geld sparen. »Wie lange machst du das denn schon?«, frage ich unbeholfen. »2 Jahre etwa. Gibt gutes Geld.« Sie erklärt mir, dass man pro Sekunde bezahlt wird. Je länger man einen Kunden in der Leitung hält, desto höher ist der Satz pro Sekunde. Als ginge es um nichts Besonderes, tippt sie übergangslos mit dem Finger auf das Buch vor mir. »Wie weit bist du?«, fragt sie. »Äh ... ich ... äh ... noch nicht so weit.«

»Ich habe gleich einen besonderen Kunden«, fährt sie fort. »Der ruft immer um diese Zeit an. Mein Stammkunde, der will nur mich«, verkündet sie und zum ersten Mal, seit ich Hanne kenne, höre ich eine leichte Anhebung ihrer Stimmlage. Etwas, das wie Freude klingt. Völlig klar. Hanne ist einsam. Am Telefon darf sie eine andere sein. Dort ist sie begehrenswert und schön. Dort ist Hanne vielleicht sogar viel mehr sie selbst, als sie es je sein durfte. Wieder schüttelt mich diese Mischung aus Ekel und Mitleid. »Kann ich zuhören?«, frage ich. »Tust du doch eh«, antwortet Hanne. »Aber du musst ganz still sein.« Ich nicke. Beinahe empfinde ich so etwas wie Aufregung.

Etwas skeptisch sehe ich Hanne nach, wie sie auf den Balkon geht. Von dort holt sie einen Eimer. »Was ist das?«, frage ich. »Pssst, schau einfach zu.«

In dem Eimer befinden sich Steine. Große, graue Dekosteine, in der Größe einer Kinderfaust. Hanne kippt Wasser in eine Plastikschale, stellt diese neben den Eimer. Ein Blick auf die Uhr. »Eine Minuten noch. Er ist sehr pünktlich«, sagt sie, als spräche sie über einen langjährigen Freund. Dann nimmt sie den Hörer ab, wählt sich wieder in die Leitung. Ein paar Anrufe lehnt sie ab, andere vertröstet sie auf später. Schließlich ist er dran. Er, der Stammkunde. Hannes Verehrer. Zu meiner Überraschung schaltet Hanne ihre Stimme einige Oktaven tiefer, sagt: »Du bist unpünktlich. Was habe ich dir zum Thema Unpünktlich gesagt?« Am anderen Ende stammelt ein dünnes Stimmchen vor sich hin. »Du abscheuliche Drecksau!«, schreit sie plötzlich los. Man könnte meinen, dass Hanne an dieser Stelle tatsächlich Wut empfindet und sie jede Sekunde den Hörer in die Ecke werfen wird, aber irgendetwas sagt mir, dass ihre Stimmung nicht ohne Hintergrund ist. Weiterhin verteilt sie Beschimpfungen. Direkt aus der untersten Schublade holt sie Worte hervor, die ich aus ihrem Mund niemals erwartet hätte. Mir ist inzwischen klar: Hanne bedient den Kunden. Es scheint ein spezieller Kunde zu sein.

Hanne wütet durch den Raum. Ihr Kopf ist lila angelaufen. Das welke, ölige Haar fliegt von einem Ohr zum anderen. Es ist anzunehmen, dass Hanne ihren Job sehr ernst nimmt. Womöglich ist dies Hannes Ventil. Einfach mal Dampf ablassen, Hanne. Gut so. Im nächsten Moment soll ich erfahren, was es mit den Steinen auf sich hat. Der Mann an Hannes Ohr hat sich gut benommen, wie es scheint. Hanne nennt ihn einen guten Jungen, ein feines kleines Schweinchen und sagt, dass er jetzt seine Belohnung bekommt. Plötzlich ist seine Stimme zu hören. »Danke, ja, danke, belohnt mich, Herrin«, stöhnt und fiepst es aus dem Telefon. Hanne hat auf laut gestellt. Der Hörer wird neben der Schüssel mit Wasser platziert. Mit einer Hand greift Hanne nach einem Stein, holt ihn aus dem

Eimer. Dann gibt sie seltsame Geräusche von sich, als sei sie unter großer Anstrengung. Sie presst hervor: »Ja, du willst es. Gleich bekommst du es.«

Plumps macht es, als Hanne einen Stein ins Wasser fallen lässt. Meine Stirn zieht sich in tiefe Falten. Am anderen Ende der Leitung wird eine heftige Reaktion erzeugt. Steine in Wasser? Was soll daran geil sein? Hanne macht weiter, presst ihre Stimme zusammen, lässt einen Stein fallen. Steine in Wasser? Steine in Wasser? Es dauert eine Weile, bis mir klar wird, dass der Mann in der Leitung mit Sicherheit nicht an Steine denkt. Plumps, macht es wieder und mir wird schlecht. Manchmal ist Wissen Ohnmacht.

Der Mann stöhnt, wird lauter, stöhnt. Obwohl ich versucht bin, mir die Ohren zu zuhalten, halte ich durch, bis er fertig ist. Auch er legt wortlos auf. Als Hanne an meinem Tisch steht, sitzen Schweißperlen auf ihrem Nasenrücken. »So. Wir können jetzt anfangen. Der Nächste ruft erst in einer Stunde an und der dauert dann richtig lange.« Meine Neugier hält sich in Grenzen. Heute stelle ich nur noch Fragen zum eigentlichen Thema.

Der nächste Tag. Mittags in der Mensa herrscht Neugier. Alle wollen sie wissen, wie Hanne wohnt, wie dreckig ihr Badezimmer ist und ob ich es ohne Atemschutzmaske ausgehalten habe. Franjo spricht von Vogelnestern unter ihren Achseln, fragt, ob ich ihnen ein paar Eier daraus mitgebracht habe. »Und ist sie denn jetzt Köchin in irgendeiner ranzigen Kneipe?«, will Tobi wissen. »Nein«, sage ich, schaue zu Hanne. Dort sitzt sie, drei Tische entfernt, ganz allein. Hanne, die Komische, schaufelt sich Mensafraß zwischen ihre Lippen. »Nein, sie macht Telefonsex«, sage ich. Alle lachen und keiner weiß, dass es die Wahrheit ist.

Die letzte Bahn

Lena (28), Kundenberaterin, Berlin,
über Konstantin (34), Toningenieur, Berlin

Man stelle sich folgende Szene vor: Ringbahn, draußen ist es dunkel, Regen peitscht gegen die Fenster. Ein hinterhältiger Wintersturm tobt über der Stadt. Da ist man froh, die letzte Bahn erwischt zu haben. Nicht viele Gäste sind noch unterwegs, aber mehr, als man vermutet um diese Zeit. Zwei ältere Damen, wahrscheinlich Touristinnen, ein paar Sitze entfernt. Sie sehen müde aus. An der Tür steht ein Mann asiatischer Herkunft. Schwer zu sagen, welchen Alters. Etwas weiter hinten: Jugendliche, angetrunken – so scheint es. Gelächter, Geschrei, kleine Provokationen. Weiter vorn: Fahrgäste, deren Gesichter ich nicht erkenne. Ich glaube, es sind fünf.

»Wieso jetzt und wieso hier?« Die Frage geht an den Menschen, der mir gegenüber sitzt. Konstantin. Ein schöner Name, wie ich finde. So hat er sich vorgestellt, letzte Woche am Pizzastand, und mir seine Telefonnummer in die Hand gedrückt. »Wieso?«, frage ich erneut. »Erklärs mir.«

»Wieso nicht?«, lacht er. Ich lache mit. Nicht weil seine Antwort lustig war, nein. Vielmehr ist es die Situation, in der wir uns befinden. Absurd, ein Date zu haben, mitten in der Nacht. »Wir nehmen die letzte Ringbahn«, hat er gesagt. »Dann haben wir eine Runde Zeit, uns kennenzulernen. Eine Runde ist lang genug, um zu entscheiden.«

»Was, wenn wir einander abscheulich finden? Was, wenn einer keine Lust mehr hat? Kann er dann einfach aussteigen?« Meine Frage zielt auf die spielerische Komponente dieses Dates ab. Natürlich steht es mir frei, zu gehen, wann immer ich möchte, und ihm ebenfalls. »Nein, kann man nicht!« Energisch kommt seine Antwort daher. Fast erschrecke ich. Seine Augen glühen. »Deshalb ist es ja die letzte Bahn und nicht irgendeine. Wer aussteigt, muss ein Taxi nehmen. Da überlegt man zweimal, ob das Gespräch wirklich so abscheulich ist, dass man das Geld für die Rückfahrt bezahlen würde.«

Ein schönes Spiel, gefällt mir. Drei Stationen sind wir bereits gefahren, haben kaum ein Wort gesprochen. Small Talk ist eigentlich eine Sache, die ich beherrsche. Schon von Berufs wegen. Den lieben langen Tagen quatsche ich Kunden Kanten ans Bein, texte sie zu, bis sie sich ergeben. In diesem Moment aber fehlt jegliches Verkaufsargument. Das Produkt bin ich, mein Wert sollte klar auf der Hand liegen. Markenware, das sollte er erkennen. Doch tut er das auch? So selbstverständlich, wie er da sitzt, grinst, als dauere diese Bahnfahrt ewig. Unsere Uhr tickt bereits.

»Lust auf ein Spiel?«, fragt er dann. Ich nicke, zucke zeitgleich mit den Schultern. »Kommt auf das Spiel an.« Mit der Hand fährt er sich durchs Haar. Ungemachtes Haar, aber schön voll und dunkel. »Einer beginnt, stellt dem anderen eine Frage. Der andere antwortet, so ehrlich wie möglich.« Eine faltige Stirn meinerseits sagt ihm, dass ich keine Ahnung habe, was er meint. »Ein Beispiel: Du fragst: Wie findest du Kuchen? Ich antworte: Esse ich gern, am liebsten Käsekuchen. Das würde nicht ausreichen. Es müssen Antworten sein, die klar machen, was du fühlst, oder die einen emotionalen Bezug verdeutlichen«, erklärt er. »Zu Kuchen?«, spiele ich die Dumme. »Ja. Zum Beispiel könnte ich sagen, am besten schmeckt mir der Zupfkuchen meiner Tante, weil sie den immer an meinem Geburtstag macht.«

»Versteh ich schon.«

»Gut, wollen wir?«

»Ja.« Ein wenig seltsam komme ich mir schon vor, dennoch lasse ich mich darauf ein. Was habe ich schon zu verlieren. Ich muss ja nicht antworten oder eine Geschichte erzählen, die wahr ist. »Eine Sache noch«, unterbricht er meine Gedanken. »Wenn dem Fragesteller die Antwort nicht gefällt, weil sie ihm nicht ehrlich genug erscheint, dann wird der andere bestraft.« Meine Augenbraue hebt sich. »Was? Wie denn?« Konstantin grinst über beide Ohren. Schöne Zähne, bemerke ich nebenbei. Seine Hand greift in seinen Mantel, fischt etwas aus der Tasche. Zum Vorschein kommt ein Etui für Stifte, wie ich es noch aus Schulzeiten kenne – hellbraunes Leder. Was kommt denn jetzt? Langsam, mit Blick auf mein Gesicht, zieht er den Reißverschluss auf. Zwei Finger schieben sich in die kleine Öffnung, ziehen etwas heraus. Etwas Schwarzes. Es ist eine Wäscheklammer.

Noch bevor ich Fragen stellen kann, zwickt mir das Ding in die Nase. »Au!«, kreische ich, sodass die beiden Damen uns einen ernsten Blick zuwerfen. Ich nehme die Klammer von der Nase. »Das soll die Strafe sein?«, wundere ich mich, betrachte das schwarze Plastik in meiner Hand. »Ganz genau. Nach jeder missglückten Antwort bestimmt der Fragende, an welcher Körperstelle die Klammer ihren Platz bekommt.« In mir macht sich ein kribbeliges Gefühl breit. Nicht unangenehm, aber auch nicht klar, woher es kommt. »Von mir aus«, spiele ich die Missmutige. Meine Augen verraten mich so oder so. Wer weiß, wie oft er dieses Spiel schon gespielt hat. Vorbereitet war er schließlich. »Du darfst beginnen«, lächelt er.

»Wie stehst du zu deiner Mutter?« Eine gemeine Frage. Männer bringt man mit so etwas allzu leicht in die Bredouille. »Meine Mutter ist gestorben, als ich noch klein war.« Augenblicklich bekomme ich heiße Ohren. Sicher bin ich scharlachrot. Fettnäpfchen. Wenn rein, dann volles Rohr. »Tut mir leid«, sage ich. »Ist okay.« Nun wirkt er ernst, irgendwie betroffen. »Hab ich die falsche Frage gestellt?«

»Nein.« Mein Schuldgefühl nagt an mir. Mit dem Thema Tod kann ich nicht umgehen, mit der ganzen Situation sowieso nicht. Also versuche ich, diese zu entschärfen, sage: »Wir können ja den Fragenden für Fettnäpfe bestrafen«, und setze mir die Klammer auf den Zeigefinger. Sein Grinsen kehrt zurück. »Übrigens, ich habe vergessen zu erwähnen, dass Finger nicht zählen, höchstens einer, und den hast du somit verspielt«, sagt er. Na super. »Kommen da noch weitere Regeln, von denen ich wissen sollte?«, frage ich empört. »Nein.« Was für ein Glück. »Du bist dran, eine Frage zu stellen«, sage ich, zeige mit der Klammer am Finger auf ihn. »Okay. Wie stehst du zu Polyamorie?«

»Ist das dasselbe wie Polygamie?« Nun hebt sich seine Braue. »Gegenfragen sind nicht erlaubt. Die Klammer geht an den Ellenbogen.«

»Was?«

»Ja, zieh deinen Mantel aus, die Klammer geht an den Ellenbogen.« Das kann doch nicht sein, denke ich. »Das kann doch nicht sein«, sage ich. »Sei nicht so ein schlechter Verlierer.« Also gut. Er hat es so gewollt. Ich ziehe meinen Mantel aus, lege ihn auf den Sitz neben mir. Dann schiebe ich den Ärmel meiner Bluse hoch. Mit Blick auf meinen Ausschnitt zieht Konstantin eine Klammer aus dem Etui, zupft sich die Haut meines Ellenbogens zurecht, platziert die Klammer. Es tut nicht weh, aber drückt, wenn ich den Arm ablegen will. Weiter gehts. Meine nächste Frage soll ihn so richtig aus der Reserve locken. Mit Sex kann man ihn sicher nicht kriegen. Eher mit Sachen, die Männer generell stressen. Mit den Augen nagele ich ihn in seinen Sitz. Es scheint zu gelingen. Konstantin sieht nervös aus. Sofern ich das beurteilen kann.

»Hast du schon einmal die Gefühle einer Frau verletzt?« Jetzt sitzt er in der Falle. Männer und Schuld, das ist so eine Sache. Das Opfer zu sein, in Sachen Gefühle, das ist schlimm genug, ja. Aber jemanden zum Opfer gemacht zu haben, damit kommen Männer erfahrungsgemäß nicht klar. »Ja, das habe ich«, sagt er nachdenklich. »Das ist keine gute Antwort. Die Klammer geht an den Nippel«, rufe ich schadenfroh und lache. Wieder werden wir mit Blicken der zwei Damen ermahnt. »Ich bin noch nicht fertig. Du wirst mir wohl einen Einleitungssatz gewähren.« Verdammt, er hat recht. »Es gab da eine, Bidur. Sie war so zerbrechlich, es war gar nicht möglich, sie nicht zu verletzen. Mein Humor ist nun einmal nichts für schwache Gemüter.« Gerade noch die Stirn in Falten, hat er nun wieder sein Pokerface aufgesetzt.

»Das wars schon? Eine nicht gerade einfühlsame Antwort«, kritisiere ich. »Aber es ist die Wahrheit und darum geht es bei unserem Spiel.« Argumente hat er ja, das muss man ihm lassen. Inzwischen brenne ich förmlich darauf, dass ihm selbige ausgehen. »Meinen Nippel wolltest du also besetzen, ja? Verstehe …«, sagt er. Ich schlucke. Hätte ich bloß meinen Mund gehalten. »Wie war das, als du dir vorgestellt hast, eine Frau zu lecken«, fragt er mit einem Mal aus dem Nichts heraus. Die Wahrheit ist, dass ich es sogar schon getan habe, nicht bloß in meiner Vorstellung. Während einer Uniparty bin ich mit einer Lesbe meines Semesters abgestürzt. Es ärgert mich, dass er nur solche Fragen stellt, und ich sehe nicht ein, sein eingeschränktes Repertoire billiger Fantasien zu bedienen. Stattdessen sage ich: »Woher willst du wissen, dass ich mir das je vorgestellt habe?«, ohne zu bemerken, dass auch diese Antwort einen Triumph seinerseits in sich birgt. »Ha, Gegenfrage! Die Klammer geht an den rechten Nippel.« Wie macht er das nur? Wieso bin ich so unstrategisch? Es muss einen Weg geben, Antworten zu geben, ohne zu viel preiszugeben, einen Schleichweg. Grinsend hält er mir das Etui mit den Klammern hin. »Soll ich behilflich sein?«

»Nein, danke«, brumme ich, nehme eine Klammer. Selbstachtung wahren. Nur nicht jammern. Ein guter Verlierer trägt seinen Misserfolg mit Würde, nimmt seine Strafe mit einem Lächeln entgegen. Gedacht, getan. Mit einer Hand unter der Bluse schiebe ich meinen BH zur Seite, suche meine Brustwarze, finde sie, setze die Klammer an, zack. Hand raus, lächeln, weiter gehts. War was?

»Tapferes Mädchen«, lobt Konstantin und irgendwie finde ich das sexy. Die Klammer ist unter der Bluse deutlich erkennbar, drückt den weißen Stoff in seine Richtung. Mein Nippel meldet sich, möchte die Klammer nicht mehr, es tut weh. Egal, ich bin dran, eine Frage zu stellen. Das ist wichtiger. Mal sehen, ob ich ihn mit seinen eigenen Waffen schlagen kann. »Wie war es, als du dir vorgestellt hast, dass dich eine Frau in den Arsch fickt?« Noch während ich diese Frage stelle, wird mir klar, dass Konstantin genau darauf abgezielt hat. Ein breiteres Grinsen hat er mir heute noch nicht gezeigt. »Soso, jetzt wird die Dame also dreckig. Ich wusste, dass da was ganz Verdorbenes in dir steckt.« Zum wiederholten Mal schießt mir das Blut in die Wangen. Aber ich kontere: »Das war keine Antwort. Die Klammer geht an …«

Mitten im Satz unterbricht er mich. »Das war ziemlich geil. Aber nicht bloß die Vorstellung. Das Erlebnis selbst war viel intensiver. Nichts, was ich jeden Tag bräuchte, aber es war eine Reise wert.« Zu viel Information, wollte ich das wissen? Nun ja, ich habe ja schließlich gefragt. »Aha«, sage ich. »Manchmal verrät eine Frage viel mehr über einen Menschen, als jede Antwort es je vermocht hätte«, klugschwätzt er. »Wenn das so ist, dann solltest du unbedingt an deinem Image arbeiten«, kontere ich. Punkt für mich, wenn auch keiner, der eine Strafe zur Folge hat. Unbeeindruckt verschießt Konstantin weiterhin sein Pulver unterhalb meiner Gürtellinie. »Stehst du drauf, wenn man sich deiner Löcher so richtig bedient? Und damit meine ich alle drei.«

Warum ist er bloß so ordinär? Statt jedoch an dieser Stelle abzubrechen, das Spiel zu beenden, lasse ich mich erneut provozieren, bleibe. »Du bist widerlich und anmaßend dazu.«

»Liebste, du könntest dir so viel Leid ersparen.« Er hält mir eine Klammer hin. »Gib doch mal richtige Antworten, dann muss ich dir auch nicht in deine kleinen Brüste beißen.« Wütend nehme ich die Klammer an mich. »Andere Seite«, befiehlt er und ich gehorche. Weshalb mir so warm ist, weiß ich nicht, muss an der Wut liegen. Was mich viel mehr verunsichert ist, dass es zwischen meinen Beinen pulsiert. Die Art, wie er redet, die Zwischentöne. Gemein, dennoch sexy. Warum tue ich mir das an? Meine Nippel sind steinhart, schmerzen ein wenig. Nicht so sehr, dass ich es nicht aushielte. Vielleicht mag ich das Gefühl sogar. Schwer zu sagen. Zwiespältige Gefühle übermannen mich. Mein Kampfgeist entschwindet. »Halbzeit«, ruft Konstantin. Ich blicke auf. »Was?«

»Na, die Hälfte der Bahnstrecke ist geschafft. Halt dich ran. Du hast bereits vier Klammern, ich noch keine.« Er sieht, dass ich schwächele, rutscht neben mich auf den Sitz, legt den Arm um mich. »Ich verbringe gern Zeit mit dir«, sagt er. Verwundert sehe ich ihn an. Die Klammern drücken gegen die Bluse. »Spielen wir weiter oder kann ich die Dinger abnehmen«, frage ich, obwohl ich weitermachen will. Aus Gründen, dir mir unerklärlich sind, wünsche ich mir, dass er entscheidet. »Liebste, wir sind mittendrin. Du bist an der Reihe.«

Mit diesen Worten begibt er sich wieder auf die gegenüberliegende Bank. Die alten Damen sind inzwischen ausgestiegen. Weiter hinten ein paar neue Fahrgäste, hinzugestiegen. »Aber dieses Mal sei doch einfach du selbst. Auch bei deinen Fragen.« Er hat recht, das hat er wirklich. Weder meine Antworten noch meine Fragen waren ernst gemeint. Ich habe meine Klammern tatsächlich verdient. Da ich an der Reihe bin, dieses Mal nichts falsch machen möchte, denke ich scharf nach. Was interessiert mich wirklich? Dann fällt es mir ein: »Was gefällt dir an mir?«

Zufrieden sehe ich ihn an, ganz ohne Zweifel, ganz ohne Provokation. »Mir gefällt dein Mund. Der ist schmal und klug, aber trotzdem sinnlich. Darüber hinaus mag ich es, wie deine Nippel aus deinem BH herausragen und gegen die Bluse drücken. Gierig irgendwie. So gierig wie ihre Besitzerin. Nur dass sie es nicht zugeben mag. Genauso wenig, wie sie zugeben wird, dass ihr Höschen schon ganz feucht ist, weil dieses Spiel mal was ganz anderes ist als alles, was sie sonst von Männern bekommt. Ist es nicht so?«

Eine Antwort, mit integrierter Frage. Mir liegt auf der Zunge zu fragen, ob dies bereits die nächste Frage ist oder Teil seiner Antwort. Doch ich würde bloß eine neue Klammer kassieren. Also probiere ich es mit einer Antwort. »Ja, so ist es wohl irgendwie. Ich versteh das selbst nicht, denn du bist unhöflich, blasiert und ordinär.« Er nickt zufrieden. »Gute Antwort. Meine Liebste macht Fortschritte.« Verlegen schaue ich zu Boden. »Wie ist es bei dir?« Bin ich wieder am Zug. »Macht es dich an, dass meine Brustwarzen wehtun?« Er nickt, nimmt meine Hand. »Ja, sehr.« Eine Weile sitzen wir da, genießen den Augenblick. Ich bin schüchtern wie nie. »Wir sind gleich da«, sagt er. »Du bist dran«, sage ich, schaue ihn erwartungsvoll an. Sofort stellt er seine Frage. »Möchtest du noch mehr Klammern an deinem Körper tragen?«

»Ja«, sage ich entschlossen und nehme das Etui an mich. Wenig später erreichen wir das Südkreuz. Die Türen öffnen sich, wir steigen aus. Mit uns nur drei weitere Fahrgäste. Das Wetter scheint sich beruhigt zu haben. Kein Kuss, dafür eine lange Umarmung. »Bis bald?«, stelle ich meine letzte Frage. »Unbedingt«, antwortet er wahrheitsgemäß.

Der Fremde

Lena (29), Studentin, Berlin, über einen unbekannten Fremden

Ich sehe ihn schon von Weitem, den Typen dort in Jeans und Pullunder. Mit seiner Kamera bewaffnet stakst er eilig auf mich zu, lächelt. Auch ich muss lächeln, denn ich weiß das Grienen mit nur einer Frage aus seinem Gesicht zu wischen. »Gar kein Outfit dabei?« Noch immer lächelnd hält er mir seinen Presseausweis unter die Nase. Hartnäckiges Bürschchen. Zweiter Versuch. »Ach, das ist also dein Outfit? Ein Presseausweis? Ungewöhnlich. Na dann mal runter mit den Klamotten. Die Garderobe ist gleich da hinten.«

Der zweite Anlauf hat geklappt. Zwar hat er keine Ahnung, wovon ich spreche, aber seine Mundwinkel sind jetzt kerzengerade. Ziel erreicht. Zumindest das Teilziel. Nun folgt der spaßigere Teil. »Wieso?« will er wissen. Er sei doch von der Presse und man dürfe doch bei diesem Fetisch-Ball immer Fotos machen, das habe er sogar gelesen. Und seine Agentur, ja, die hat ihm das auch noch einmal bestätigt. Wieder hält er seinen Presseausweis schützend vor sich, als sei dieser ein Beweis für seine Worte. Mein eigenes Lächeln ist noch lange nicht versiegt. »Es herrscht Dresscodepflicht, das hat deine Agentur dir wohl nicht gesagt. Im Netz stand das übrigens auch und auf unseren Flyern und …« Sein Gesichtsausdruck gefriert. »Ich bin den ganzen Weg aus Hamburg nach Berlin gekommen.« Verständnisvoll nicke ich ihm zu. »Ja, ganz ohne Outfit.«

»Und jetzt?«, fragt er. »Runter mit den Klamotten.« Große Kulleraugen starren mich an. »Ganz nackt?« Froh ist er nicht gerade, als ich ihm sage, dass er die Boxershorts anbehalten darf, in denen er keine zwei Minuten später die Party betritt. Es bleibt ihm nichts. Er muss sich fügen. Presseausweis oder nicht. Die Szene ist streng bei der Kleiderordnung. Wir machen keine Ausnahmen. Wer kein Latex oder vergleichbares Material im Schrank hat, kann gern Fantasie beweisen, aber in Zivil darf hier keiner eintreten. Dafür sorge ich, das ist einmal im Jahr mein Job. Eine heftige Arbeitswoche liegt hinter mir. Als Studentin tut man sich vieles an, ist sich für kaum etwas zu schade. Letzte Woche, einschließlich heute, war ich als Messehostess im Einsatz. Gegen sieben habe ich das Messegelände verlassen, mich zu Hause frisch gemacht, in Latex gezwängt. Jetzt bin ich hier, pfeife aus dem letzten Loch. Obwohl man das in diesen Kreisen nicht zu laut sagen sollte. Zu gern werden solche Dinge missinterpretiert, denn hier ist theoretisch alles möglich und sogar erlaubt. Deshalb freue ich mich jedes Mal auf diesen Event. Es ist keine Arbeit, sondern bezahlter Spaß. Selbst jetzt, da sich mein Körper nach einem Bett sehnt.

Der nächste Gast beweist jedoch, dass mein Job nicht nur Spaß bedeutet. Ein großer Kerl baut sich vor mir auf. Tolle Größe, das mag ich bei Männern. Ob er mal durch dürfe, fragt er. Jeans, schwarzes Hemd, in der Hand eine kleine Zorromaske. Wie zuvor den Presseheini kläre ich ihn über die Gepflogenheiten der Party auf. Seine possierliche Maske ist kein Outfit. Doch der große und, wie ich inzwischen festgestellt habe, attraktive Mann, will sich nicht so einfach abwimmeln lassen. Er argumentiert, wird wütend, auf eine Weise, die mich schachmatt setzt, ja, die mir regelrecht Angst macht. Was denkt er sich? Nur weil ich eine Frau bin? Doch ich muss nicht lange warten und Ego-Egon (so wird er von allen genannt), der starke Türsteher, rettet mich. Gegen den hat selbst der Gast keine Chance. Fluchend und schimpfend sucht er das Weite.

Etwas weich in den Knien, checke ich weiterhin die Gäste. Nach diesem Stimmungskiller kommt meine Müdigkeit wieder zum Vorschein. Ein heftiger Gähnanfall schüttelt meinen Körper. Meine Kollegin Marie, eine kleine Madame, kaum größer als eine Parkuhr, winkt mich zu sich, flüstert: »Ich hätte da was. Damit gähnst du garantiert nicht mehr.« Ihre großen schwarzen Pupillen sind mir bereits im vorigen Jahr aufgefallen. Ganz klar: Marie nimmt Drogen, und das nicht zu knapp. Auch ich habe eine Technophase hinter mir. Damals mit 18. Zur Loveparade gabs Ecstasy. Das gehörte dazu, wie eine Maß zum Oktoberfest. Ist lange her. »Danke, lieber nicht«, sage ich. Doch etwas in meinem Kopf bleibt. Eine kleine Stimme aus dem Off, die mir zuredet, mich zu redet, schließlich überredet. Einmal ist keinmal. Gegen vier habe ich Feierabend, dann will ich tanzen. Leute anschauen, die Stimmung genießen, vielleicht auch zwischendurch die Show ansehen. »Okay«, sage ich. »Her damit.« Marie grinst. »Nimm erst mal 'ne halbe, die knallen ganz schön.«

Auf dem Klo betrachte ich zum ersten Mal was Marie in meine Hand hat purzeln lassen. Eine weiße Pille, leider ohne Bruchstelle. Mit den Zähnen versuche ich, sie zu teilen. Bitterer Geschmack, ich beiße zu, treffe nicht genau. So zerfällt der hintere Teil in zwei Stücke. Was solls, denke ich. Ich weiß grade ohnehin nicht, wo ich den Rest der Droge verstecken sollte. Latex verrät mich. Selbst wenn ich Taschen gehabt hätte, Latex formt alles ab, nicht bloß Körper. Was solls? Weg damit. Wasser drauf, runter damit. Nun heißt es warten. An die Tür stellen, so tun, als wäre nichts gewesen, warten, dass der Körper angeht und der Kopf aus. So ist das, wenn die Droge wirkt. Ecstasy, Liebe in Pillenform. Wie verliebt sein, ohne die lästige Fixierung auf eine Person. Ich bin gespannt, ob sich die Wirkung auf mich in den letzten zehn Jahren verändert hat. Denn so lange ist meine letzte Liebespille her. An die Nebenwirkungen verschwende ich keinen Gedanken. Pillenkater: Depressionen bis Dienstag. Nein, das ist nebensächlich.

Der Abend nimmt seinen Lauf. Von meinem Posten aus beobachte ich die Gäste. Die Party ist in vollem Gange. Eine eitle Szene gibt sich die Ehre. Blitzlichtgewitter in den Gängen. Jeder will gesehen werden, abgelichtet. Teuer genug waren sie ja, die Fetischfummel. In der Luft: der Geruch von Latex. Dort wird geschmiert, neuer Glanz aufgetragen, hier wird gefühlt, Körperformen werden unter Gummi ertastet. Unwirklich, aber aufregend. Verdächtig aufregend. »Und?«, fragt Marie. »Wirkt sie schon?« Als hätte sie einen Knopf betätigt, der die Droge auf direktem Weg in meinen Schädel schießt, setzt die Wirkung ein. Vielleicht war sie eben schon da. Auf leisen Sohlen erst, nun aber vollends.

»Ja«, sage ich. »Und wie!« Nebel steigt auf. Wie kann das sein? Verstohlen halte ich Ausschau nach einer Nebelmaschine, aber da ist nichts. Der Nebel scheint ausschließlich mich zu umgeben, als wäre ich in einer Wolke. Wow, heftiges Zeug. Vielleicht hätte eine halbe Pille gereicht. Gut, dass nicht mehr viel zu tun ist. Die meisten Gäste sind da. Nur vereinzelt kommen Nachzügler.

Marie zwinkert mir zu: »Gut, dass du braune Augen hast, da sieht man deine Mörderpupillen nicht sofort.« Ich blicke in eine der Spiegelfliesen an der Wand. Tatsächlich. Das Braun meiner Augen besteht nur noch aus einem kleinen Außenring, der Rest wird von großen schwarzen Löchern dominiert.

Wie durch ein Wunder ist all die Müdigkeit einem seichten Kribbeln im Kopf gewichen. Nicht zu vergessen die Watte unter den Füßen. Sogar meine hohen Absätze fühlen sich an wie Hauspantoffeln. Gerade, als ich beginne, es mir in meinem chemischen Wonnegefühl bequem zu machen, betritt ein ungewöhnlicher Gast den Kassenbereich. Wie angewurzelt bleibt er vor mir stehen. Er trägt einen Smoking, dazu eine Maske aus weißem Plastik. Reduziert, aber menschlich, ohne Ausdruck. Auf meine Begrüßung reagiert der Gast mit stummem Nicken, zeigt mir seine Karte, lässt sich einen Stempel aufdrücken. Sein maskiertes Gesicht ist dabei die gesamte Zeit auf mich gerichtet. Ein Angstgefühl breitet sich in mir aus. Von der Körpergröße her könnte es der unerfreuliche Gast von vorhin sein, den Ego-Egon nach Hause geschickt hat. Vielleicht will er mir einen Denkzettel verpassen. Seine Bewegungen sind inszeniert. Fast schleicht er über die Treppe zur Party. Kurz bevor er in der Masse verschwindet, blickt er sich noch einmal um, fixiert mich mit seinem leeren Gesicht. Kein Zweifel, er meint mich. Marie weist mich zurecht. »Du musst dich zusammenreißen. Wenn du die Leute so anstarrst, merken sie dir an, dass du drauf bist.«

»Aber, der Typ hat mich angestarrt und nicht ich ihn, oder?« Marie lacht. »Trink mal was, dann geht es dir besser.« Nach einem Glas Wasser ist der Schrecken vergessen. Doch keine zwanzig Minuten später steht er plötzlich hinter mir. Er, der maskierte Fremde. Ich schaue ihn an, er legt den Kopf schief. Wie ein Phantom sieht er aus, wie eine Gestalt, die nur meiner Fantasie entspringt. Vielleicht gibt es ihn gar nicht. Er ist Teil meines Drogenrausches. Kein anderer kann ihn sehen. Mein imaginärer Schatten, meine Schattenseite. Sexy ist er zudem. Dass man auf Ecstasy nur allzu leicht geil wird, habe ich verdrängt.

Meine Gedanken bekommen Beine, laufen mir davon, sprinten durch meinen Kopf. Ohne Rücksicht auf Verluste. Immerhin könnte ich den Verstand verlieren. Vielleicht ist die aufsteigende Lust ein guter Weg, wieder in meinen Körper zu finden. Warum sich nicht auf das Spiel des Fremden einlassen? Vorausgesetzt, er meint wirklich mich. Falls nicht, könnte ich selbst das Spiel eröffnen. Erst jetzt bemerke ich, dass mein Körper unter dem Latex davonschwimmt. Unter Latex schwitzt man, das ist ganz klar. Aber so sehr transpiriert, dass es mir die Beine hinunterrinnt, habe ich nie. Ich stehe über ihm, auf dem kleinen Treppenabsatz, er im Flur, dicht vor meiner Nase. »Ansprechendes Outfit …«, eröffne ich das Gespräch. Schweigen, ein schiefer Kopf. Lange halte ich seinem leeren Blick nicht stand. Es ist, als existierte er gar nicht, so ganz ohne Gesicht. Und doch ist er so präsent, dass es mir eisig durch den Körper fährt. Langsam dreht er sich um, macht eine Handbewegung. Folge mir, sagt diese. So gern ich auch würde, ich darf meinen Posten noch nicht verlassen. Ein Blick auf die Uhr. Es ist erst zwei. Weitere zwei Stunden muss ich warten, muss er warten, wir. Gegen halb sechs werde ich abgeholt, von H., meinem Freund. Ach ja, da war ja was. Wenn der wüsste.

Der Fremde ist aus meinem Blickfeld verschwunden. Marie tippt mich an: »Mach ruhig 'ne Pause. Hier ist ja grad nichts los.« Übermütig küsse ich sie auf den Mund. Sie küsst mich zurück, schiebt ihre Zunge über meine Lippen. »Die Dinger machen kuschelig, findest du nicht?« Ja, denke ich, ziehe sie an mich. Wir küssen uns langsam, pressen unsere Zungen fest gegeneinander. Die Türsteher tuscheln. Sonst fällt ein Kuss unter Frauen auf diesen Partys kaum auf. Nur eine Person hat mich ganz genau im Visier. Er, wieder ist er gekommen. Ich wünschte, er lächelte, doch er zeigt nur sein totes weißes Gesicht. Marie gibt mir einen Klaps. »Viel Spaß.« Als ich meinen Kopf in ihre Richtung drehe, habe ich das Gefühl, dass sie nur aus Licht besteht. Die Wirkung der Droge scheint noch stärker einzusetzen.

Ich drehe meinen Kopf, sehe ihn gerade noch in der Menge verschwinden. Schnell eile ich hinterher, auf meinen Wattebauschen. Dabei hatte ich vorhin schon eine leichte Blasenbildung an der Ferse. Davon ist nichts zu spüren. Musik, ich hatte vergessen, was Musik bewirken kann. Elektronische Beats treiben mich voran. Ich bin ein Roboter. Meine Optik ist verschoben, Menschen, Gesichter, alle sehen gleich aus, so scheint es. Fantasiegestalten. Wie soll man in dieser Überreizung der Sinne einen Mann mit Maske finden? Egal. Ich muss tanzen. Es geht nicht anders. Mein Körper bewegt sich, bewegt mich. Meine Gliedmaßen gehören mir nicht mehr. Die Tanzfläche ist überfüllt, ich bewege mich zwischen den Massen. Von hinten legen sich zwei Hände um meine eng geschnürte Taille. Ich weiß, er ist es. Gemeinsam bewegen wir uns, stehen eng. Durch seine Anzughose spüre ich seinen Ständer. Sein wahres Gesicht interessiert mich nicht. Die Maske ist es, was ihn so spannend macht. Der Fremde, der immer ein Fremder bleiben wird. Seine Hände krempeln das Latex meines Rocks hoch, legen meinen Hintern frei. Finger tauchen in mich hinein. Ich vergesse mich, bekomme nur wenige Minuten später einen Orgasmus. Er wiegt mich in seinen Armen, zwischen all diesen Menschen. Dann löst er seine Umarmung, entfernt sich mit dem Gesicht zu mir. Rückwärts geht er, woher er kam, ins Nirgendwo des Partyvolks. Ich bleibe zurück, trunken vor Lust, wie betäubt. Dennoch: Ich muss zurück, arbeiten.

An der Tür hängen selbst die Türsteher in den Seilen, halten ihre müden Lider nur schwerlich offen. Marie ist weg, aber ihre Cola macht mich an. Ich trinke, trinke, bemerke, dass ich lange nichts getrunken habe. Erst jetzt schaue ich auf die Uhr. Es ist kurz nach drei. Über eine Stunde habe ich mich dort drinnen verloren.

Mein Rausch hat sich wieder auf den Kopf verlagert, vielleicht war es auch der Orgasmus, der meinen Körper wieder aus den Wolken,

Richtung Boden gerissen hat. Um halb vier schreibe ich H. eine SMS. Er soll mich schon früher abholen, ich muss schleunigst aus den engen Klamotten raus, brauche eine Badewanne. Eine letzte Runde durch die Party. Einmal möchte ich ihn noch sehen, nur ein letztes Mal. Doch ich finde ihn nicht, meinen Fremden.

H. wartet draußen. Von meiner Begegnung werde ich ihm erst morgen erzählen. Mir ist nicht nach Reden. Wie immer ist H. sehr rücksichtsvoll. Dass ich kaputt bin, weiß er. Deshalb spricht er nur das Nötigste, hilft mir zu Hause aus dem Mantel, dann aus der Latexverpackung. Die erste Überraschung erlebe ich, als ich aus den Schuhen schlüpfe. Alles voller Blut. An meinen Füßen haben sich etliche Blasen gebildet, bereits offen. Die nächste Überraschung in den Armbeugen. Dort, wo das Latex sich beim Schwitzen verschoben hat. Dicke Hämatome. »Hast du das denn nicht gemerkt?«, fragt H. »Das muss doch wehgetan haben. Deine Hände haben wahrscheinlich kaum Blut bekommen.«

Die Wahrheit über meine Wattebausche unter den Füßen werde ich ihm auch erst morgen sagen. Deshalb schweige ich, zucke mit den Schultern, verschwinde im Bad. Die Wanne wartet auf mich. Duftend und warm. Beim Eintauchen wird mir klar, dass die Droge noch immer in mir arbeitet. Wahrscheinlich wird mein Körper mich morgen strafen.

Es klopft. »Komm rein«, sage ich. Wieder tauche ich unter, reibe meine Augen, wasche mein Gesicht. Beim Auftauchen hole ich tief Luft, öffne die Augen, erstarre. Vor mir steht er, der Mann mit der Maske, der Fremde. Alles in mir dreht sich. Mein Kopf ist ein Karussell. Der Verstand setzt aus. Habe ich mir den Fremden nur eingebildet? Seine Smokingjacke hat er ausgezogen. An den Händen trägt er schwarzes Latex. Damit hält er mir den Mund zu, drückt mich unter Wasser. Nicht lange, aber lange genug, um Panik auszulösen. Denken scheint unmöglich. Karussell. Ich ringe nach Luft. Ringe mit ihm. Die Latexhände wandern über meinen Körper, fassen mich an, betatschen mich. Ich lasse es zu, stehe daneben, bin mittendrin. Immer im Wechsel. Seine Finger ficken mich. Erst als er seinen Schwanz aus der Hose holt, meinen Kopf nach oben zieht, wird klar: Das kenne ich irgendwoher. Die Illusion löst sich in Nichts auf. Ich muss lachen, komme jedoch kaum dazu. Er holt sich, was er braucht, benutzt meinen Mund wie eine Vagina. Dann lässt er ab, verschwindet. Zurück bleibt mein gespaltenes Ich. Glücklich, verwirrt, unendlich müde.

Später liege ich in H.'s Arm. Obwohl bereits im Bad klar wurde, was passiert ist, fühlt sich ein Teil von mir noch immer wie nach dem Abenteuer mit einem Fremden. Die Maske liegt auf dem Nachttisch. Morgen werden wir reden. Schön, dass nun auch er eine Menge zu beichten hat.

Sie spielt Unschuld

Oliver (36), Kundenbetreuer, Hannover,
über LouLou (23), Studentin, Hannover

D a sitzt sie also, hat ihren zierlichen Körper neben mich auf den Barhocker geschoben. Bezaubernd, ihr Mund. Wie ihre großen schmollenden Lippen aufeinander liegen, ein wenig Lächeln dabei. Die Taille eng geschnürt, die Füße hoch platziert – Absätze wie Waffen. Verspielte Gesten, Blicke, eine Haarsträhne um den Finger gewickelt. Worte wie Seifenblasen. Sie spielt Unschuld. In ihren Augen jedoch wohnt der Teufel. Er scheint dort einen Ort gefunden zu haben, der die Wirklichkeit nicht unter all ihren Schnörkeln verbirgt. Hier ein bisschen Rouge, dort ein wenig Wimperntusche, Klimper klimper.

Schau her, wie mein Hintern wackeln kann. Schau nur, wie meine Brüste zufällig den Stoff meiner Bluse sprengen. Huch, da ist wohl aus Versehen meine Zunge über die Lippen gefahren. Du musst wissen, das mache ich nicht absichtlich. Wie ich mein Glas halte, den langen Stil mit den Fingerspitzen auf und ab fahre, ist reiner Zufall. Ich bin halt so, so niedlich halt. Wie ich meinen Hintern durchdrücke, Hohlkreuz, runder Po. Popo.

Ich suche nach weiteren Fehlern, finde sie: Nägel, die an den Rändern abgekaut sind. Darüber eine Schicht roter Lack. Doch ich erahne die Makel darunter. Das unterscheidet sie von einer wahren Lady, unter anderem. Dennoch reizt sie mich. Nicht so, wie es Damen tun. Damen, die meine Sehnsucht nach Schwere schüren. Echte Frauen, deren Worte gewichtig sind. Worte wie Pfeilspitzen – treffsicher und spitz. Nicht wie Blasen – seicht, ohne Inhalt, ohne Ziel. Dennoch: Sie reizt mich. Anders als ich es kenne. Ich habe das Bedürfnis, ihre Maskerade bloßzustellen. Es ist ein sexueller Impuls. Nicht körperlich, aber mit dem Ziel, ihr nah zu sein. Ihr, nicht dieser Hülle. Das ist mir neu und recht unangenehm. Mir ist es nicht in die Wiege gelegt, Damen zu führen. *Ver*führen ja, aber das ist ein ganz anderes Feld, eine andere Kunst. Eine Kunst, die nur von jenen gewürdigt wird, die sich wiederum im Führen verstehen. Zu dieser Gattung gehört die Kleine wahrlich nicht. »Ich werde immer so schnell besoffen. Und dann will ich Ohrfeigen. Das ist geil.«

Geil. Wie sie das sagt. Solch ein Wort gehört nicht auf diese Weise gesprochen. So ohne Schärfe, lapidar, als reine Information. Ohrfeigen, die mag ich auch. Jedoch nicht von ihr.

Wie gehe ich es an? Wie peinige ich sie, ohne dass es ihr gefällt? Eine Rolle möchte ich nicht spielen, doch in diesem Fall werde ich es müssen. Dabei gehöre ich doch selber an die Füße einer Frau. *Ihre* Füße sind trügerisch. Wundervoll in die Heels gebettet, wirken sie täuschend echt. Wie die einer Lady. Soll ich meinen Gefühlen trauen, trotz allem Widerspruch in mir? Vielleicht habe ich keine Führungsqualitäten, aber ich habe den Besten gedient. Ich weiß, was es bedeutet, perfide zu sein, grausam und beharrlich. Zumindest habe ich zugesehen, es selbst erlebt, genossen. Weshalb sollte ich nicht für einen Abend in der Lage sein, die Seite zu wechseln – zu kopieren? Nur jetzt. Sie weiß nichts über meine wahre Neigung. Auch mein Outfit am heutigen Abend ist nicht eindeutig. Ein Anzug – neutral.

Die Party um uns herum ist in vollem Gange. Aus den Ecken hört man schon die ersten Gertenhiebe die Luft zerteilen. Vertrautes Geräusch. Das regt an zum Nachahmen.

Dass sie keinen Slip trägt, ist mir nicht entgangen. Immer wieder öffnet sie die Schenkel, schiebt ihren Popo (Schlampenarsch) über den Hocker. Ihr Rock ist maximal wie ein Gürtel aus Stoff. Sie ist billig, dabei könnte sie wunderbar sein. Die Anlage ist gegeben, wenigstens physisch. »Komm«, sage ich sanft. Wieso nicht Gentleman sein? Soll sie ruhig denken, ich sei ungefährlich. Womöglich bin ich es.

Ich schreite, sie folgt. Ich schreite wie ein König. Sie folgt. Noch herrscht Klarheit. Ich habe ihr von einer Peitsche erzählt. Diese befindet sich in der Tasche meiner Herrin. Das habe ich dem Mädchen (Schlampe) natürlich verschwiegen. Gut, dass meine Herrin beschäftigt ist. So kann ich mein Experiment wagen, ohne gestört zu werden. Nicht, dass sie mich stoppen würde. Mit devoten Mädchen darf ich spielen, habe es aber bisher vermieden. Neben meiner Liebsten wäre ich nicht in der Lage, mich einem Abenteuer wie diesem hinzugeben. Es wäre wider meine Natur.

Sie schreitet nun, hat mich eingeholt. Das geht doch nicht. »Wo ist denn die Peitsche jetzt? Mir wird langweilig.« Provokationen, Provokationen. Wie würde meine Herrin reagieren? »Halt die Klappe!«, entgegne ich. Sie lächelt. Ein Volltreffer. Wir erreichen die Garderobe, ich suche die Peitsche, finde sie. »Dreh dich um«, befehle ich. »Was? Hier?« Sie hat recht. Kein sehr stimmungsvoller Ort. Zuschauer könnte ich jedoch nicht verkraften. Erst recht nicht, wenn meine Liebste unter ihnen wäre. Miss Renitenz aber ist mir viele Gedanken voraus, befindet sich schon auf dem Weg in den Spielbereich. Nun folge *ich* ihr, den Blick auf ihre trügerischen Fersen geheftet. Sie stöckelt. Meine Dame hingegen stolziert. Der Unterschied ist immens. Wie gut, dass sie in einer Ecke verschwindet. »Hier wirst du mich schlagen«, befiehlt sie. Wieder entsinne ich mich meiner passiven Erfahrung. Ich will ihr ins Genick greifen, ihr wehtun, dass sie versteht, aber ich bekomme sie nicht zu fassen. Also sage ich: »Ich bestimme, wo ich dich schlage.« Was ich ernte, ist nichts als Spott. Inzwischen ist mir beinahe die Lust auf dieses Spiel vergangen. Ohne Weiteres beginnt sie, sich auszuziehen. Nackt bis auf die Heels steht sie vor mir. »Soll ich mich umdrehen?«, grinst sie. Ihre Brüste sind makellos. Etwas dürr, die Kleine, aber diese Brüste – wie gemalt. Ein Impuls lässt mich danach greifen. Ich packe zu, bis sie schreit. Dann wird sie ruhiger, flüstert: »Soll ich?« Meine Lippen geben keinen Ton mehr frei. Der Fokus liegt auf ihrem Po (Schlampenarsch). Ich drehe sie um, schlage zu. Wieder und wieder. Die Reaktion folgt: Gelächter. »Das war alles?«, fragt sie.

Ich bin einfach nicht gemacht für diesen Job. In diesem Moment spüre ich ein Knie in meinem Rücken. Ein vertrautes Knie. Meine Herrin. Wie gut, dass ich gerade die Peitsche niederlegen wollte. »Mach weiter«, flüstert sie. Das Mädchen, das mir noch immer ihren dürren Hintern entgegen streckt, hat nichts bemerkt. Mein schlimmster Alptraum. Doch ich muss gehorchen. Wieder und wieder schlage ich zu. Inzwischen hat sie ihren Körper über einen Bock gelegt. Ich drehe mich um, bereue es sofort. Publikum.

Wieder schlage ich. Miss Renitenz betrachtet derweil provokativ ihre Nägel.

Meiner Herrin reicht es. Sie nimmt mir die Gerte ab, tritt hinter das Mädchen. Ich stelle mich vor sie. Das will ich mir auf keinen Fall entgehen lassen. Nur ein Hieb. Der Hieb eines geübten Handgelenks. Gesichtszüge, die ihren Kurs ändern – Richtung Wahrheit. Die Kleine schreit. Ein roter Balken erscheint auf ihrem perfekten Popo. Wie das Werbebanner einer Modezeitschrift, mit der Aufschrift: »Das tat weh.«

Wie sich herausstellte, war die Begegnung mit der Kleinen nicht ganz zufällig. Meine Herrin hatte sie um den Gefallen gebeten, mir während ihrer Abwesenheit ein wenig Gesellschaft an der Bar zu leisten. Dass sie so weit gehen würde, war jedoch nicht geplant, dennoch willkommen. Den kleinen Hieb am Ende konnte sich meine Herrin trotzdem nicht verkneifen. Verdient hatte das freche Ding ihn, soviel ist klar. Auf meine eigene Strafe wartete ich in dieser Nacht vergebens. Immer wieder bat ich meine Herrin um Entschuldigung, um ihr mein Versagen in Erinnerung zu rufen. In der darauffolgenden Woche aber rief sie mich zu sich. In der Mitte des Raumes stand ein Sessel. Auf der Lehne: eine Peitsche und ein Kissen. »Bring es zum Platzen«, sagte sie.

Die Reise

Aniela (31), Fremdsprachenkorrespondentin, Berlin,
über Sybel (28), Künstlerin, Berlin

Heute: Sie summt den Song von gestern, summt ihn, als gehörte er zu ihr. Ganz leise nur, ich schlafe ja noch, so glaubt sie. Ihre Hinterbacken formen einen Apfel. Bilderbucharsch, sie ist perfekt von hinten. Als sie sich umdreht, schließe ich meine Augen wieder. Die Decke verbirgt die Hälfte meines Gesichts, sodass sie nicht sieht, dass ich blinzle. Nackt, wie sie ist, läuft sie durch den Raum, hebt Klamotten an, sucht irgendetwas. Ihr Schamhaar ist ein dichter Wald, ihre Möse nicht zu sehen darunter. An den Seiten sind die Haare schwarz, in der Mitte rot.

Sie sind gefärbt, hatte sie mir erzählt und einen Kamm geholt, mit dem sie darüber fuhr, in seltsamen Bahnen. Dann sagte sie mit fester Stimme: »Schau. Deshalb.« Ich erkannte irgendeine Form, aber nicht, was es war: eine Orchidee. Nein, die erkannte ich nicht darin.

Ihr Summen hat sich in ein Pfeifen gewandelt. Sie sollte wissen, dass sie zu laut ist. Vielleicht will sie mich wecken. Mein Kopf dreht sich, Schwindel. Kein Wunder, wenn man unseren Konsum bedenkt. »Da seid ihr ja«, flüstert sie und zieht eine Schachtel Zigaretten aus der Gesäßtasche meiner Jeans, die sie am Boden findet.

Damals im Urlaub: Bei unserer Ankunft hatte sie mich Spießer genannt. Eine langweilige Mauerblume, die ihre Knospen ruhig mal in die Sonne halten könnte. Nur weil ich nicht topless am Strand liegen wollte. Nicht wie sie. Obwohl ihre Brüste aussehen wie zu reifes Obst – schlaff sind – trägt sie sie mit Stolz. Darum beneide ich sie, um dieses ungestörte Körperbewusstsein. Ich hatte ihr erklärt, dass ich Katholikin bin und es sich nicht gehöre, so etwas zu tun. Natürlich war das eine Ausrede. Sie nickte, stand auf, schleuderte mir ihr Bikinihöschen ins Gesicht, lief ins Wasser.

Damals, unmittelbar vor dem Urlaub: von Kennen konnte ja keine Rede sein. Wir hatten uns zweimal durch Zufall gesehen. Zum ersten Mal in der Linienstraße, bei der Vernissage einer gemeinsamen Bekannten. Ihr kurzer Pagenkopf gefiel mir, schöner Kontrast zu den vollen, rot gemalten Lippen. Neugierige Augen hatte sie, die sie gleichermaßen auf die Bilder wie auch auf mich richtete. Meine Wangen bekamen Farbe. Weshalb, konnte ich nicht sagen. Ich nehme an, weil ich Blicke dieser Art von einer Frau nicht gewohnt war.

Zum zweiten Mal sah ich sie am Flughafen, kurz vor Antritt meiner Reise. Achim, mein Mann, hatte mich hängen lassen. Einen Tag vor dem Flug hatte er beschlossen, mich zu verlassen. So musste ich meinen Urlaub allein antreten. Die Haut unter meinen Augen war gereizt und juckte, mein restliches Gesicht spannte. Ein Geist war ich – verloren, auf dem Weg ans Meer.

In der Schlange stand sie hinter mir. »Ach 'ne«, sagte sie, als würden wir uns kennen. Dann geschah alles wie von selbst. Beim Einchecken ließen wir uns Plätze nebeneinander geben. Sie hatte dasselbe Ziel wie ich: Gran Canaria. Nur an einer Bleibe fehlte es ihr. Sie wollte mal sehen, was sich ergab. Natürlich bot ich ihr den Platz von Achim an, neben mir im Doppelbett. »Vielleicht können wir es auch noch umbuchen, auf zwei Einzelzimmer, aber bezahlt ist es schon.« Wieder sah sie mich auf diese Weise an. Wieder wurde ich unvermittelt rot. »Doppelzimmer ist schon okay. Ich bin da nicht so.«

Damals, vor dem Urlaub: Achim saß mir beim Essen gegenüber, warf mir einen abfälligen Blick zu, bevor er hinter seiner Zeitung verschwand. Abwechselnd führte er die Hand mit der Kaffeetasse, dann die andere Hand mit dem Marmeladentoast zum Mund. Abbeißen, kauen, umblättern, erst jetzt einen Schluck Kaffee, schließlich seufzen. Als hätte er etwas Fürchterliches gelesen, schaute er mit einem Mal ganz erschrocken auf. Als ob ihm das, was er als Nächstes sagen würde, selbst unfassbar erschien, meinte er: »Schau dich nur an. Du bist blass, immer müde und deine Haare sehen aus wie Spaghetti.«

Heute: Ihre Lippen umschließen den Filter, sie zieht lange, lehnt sich an die Rahmung des Fensters, auf dessen Bank sie sitzt. Ihr zierlicher Körper – das Fenster wie maßgeschneidert. Wie ein kleines Äffchen sieht sie aus, mit ihren Ohren, die ein wenig abstehen, den riesigen Augen, der ungenierten Körperhaltung. Lange bläst sie den Rauch aus ihren Lungen, genießt den Ausblick, ahnt nicht, dass ich sie anschaue. Oder doch?

Damals im Urlaub: »Sinn kommt von sinnlich«, sagte sie, während sie einen Joint drehte. »Du meinst: sinnlich von Sinn«, verbesserte ich sie. »Das ist egal. Ist ja so oder so dasselbe.« Ich fragte mich, wo diese Gedanken herkamen. Vielleicht vom Kiffen. Doch das schien mir zu einfach. Sie waren Ausdruck ihrer wunderlichen Wahrnehmung. Die Art, wie sie sprach, wie sie einzelne Worte betonte, gab ihnen neue Bedeutung. Auch wenn es oft schwachsinnig schien, ihre Bildung zu wünschen übrig ließ, wurde ich dennoch vom Klang ihrer Stimme geholt. Von Beginn an.

Ausgehen wollte sie, »feiern, bis es kracht«, so sagte sie. Schon am ersten Abend. Bedürftig nach Ruhe, ließ ich mich überreden. Was hatte ich auch für eine Wahl. Düsteren Gedanken nachhängen konnte ich früh genug. Im Grunde war sie meine Rettung.

Wie ein Magnet zog sie die Männer an. Sie umringten uns, luden uns ein. Playa del Ingles: Darüber hatte ich gelesen. Gran Canaria sei schön, aber man solle sich als anspruchsvoller Urlauber von dieser Gegend fernhalten. Nun stand ich mittendrin, einen Cocktail in der Hand, und spürte, wie sich eine fremde Ruhe in mir ausbreitete, vom Steiß in den Nacken zog, ja, sogar meine Kopfhaut entspannte. Trotzdem war ich weit entfernt von ihrer Ausgelassenheit. Wie sie tanzte. Wie sie den Kopf in den Nacken warf, die Arme nach oben riss, sich einfach bewegte. Unbeholfen und gleichzeitig perfekt, wie die Choreografie einer Ausdruckstänzerin. Wie machte sie das nur? Wie kam sie damit zurecht, der ständige Mittelpunkt zu sein? Konnte man überhaupt bei sich selbst bleiben, wenn man niemals unbeobachtet war? Das fragte ich mich, beneidete sie um ihren Status, um ihre Selbstzufriedenheit, ihren Mut und ihren tollen Hintern, der den Stoff ihrer Kleider immer zu sehr spannte. Sonst war sie eher dünn. Nur ihr Arsch schaute provozierend hervor und kitzelte die Gehirne der Männer. Und meines auch.

Damals, vor dem Urlaub: Achim und ich kannten uns seit der Grundschule. Schon immer waren wir beste Freunde, unsere Eltern kannten sich gut. Auf Bäume sind wir geklettert, haben mit Backsteinen die Scheiben der alten Scheune zerdeppert und Pläne geschmiedet für unsere Flucht in die Karibik. Kinder halt. Brüderchen und Schwesterchen. Verbündete. In der fünften Klasse blieb Achim sitzen. Einige Jahre lebten wir uns auseinander. Meine Eltern ließen sich scheiden, ich zerbrach in zwei Teile. Ein Teenager ohne Halt. Achim fand mich betrunken in der alten Scheune. Dort versteckte ich mich vor der Welt. Er las mich auf, brachte mich heim und versprach mir, mich nie mehr loszulassen. Von da an waren wir ein Paar, dann ein Ehepaar. Nie wäre ich auf die Idee gekommen, etwas zu ändern. Wir gehörten doch zusammen, er und ich.

Und nun stand er einfach vor mir, tat so, als existierte unsere gemeinsame Vergangenheit nicht, sagte: »Ich sehe dir nicht länger dabei zu, wie du zerbrichst. Mach den Urlaub ohne mich. Wenn du wiederkommst, bin ich ausgezogen. Erhol dich und werd dir klar, was du willst.«

Damals im Urlaub: Tagsüber verlangte etwas in mir nach Kultur. Das brauchte ich, als Ausgleich. Um nicht allein mit dem Wagen herumfahren zu müssen, nahm ich sie mit, versprach ihr leere Strände und einsame Buchten, ohne welche zu kennen. Permanent musste sie rauchen, blies den Dunst, wohin sie gerade schaute. Mal zu mir, mal aus dem Fenster. Zwischendurch schrie sie, wenn sie etwas Aufregendes sah. Oder sie träumte vor sich hin. Wenn ihr warm wurde, zog sie sich aus, saß nackt neben mir, als wäre nichts dabei. Die Rufe der Männer, ihrer Zuschauer, störten sie nicht. Stets winkte sie, verteilte Luftküsse an Passanten, sang dabei ein Liedchen. Am zweiten Tag hatte ich mir bereits abgewöhnt, um Contenance zu bitten, hatte mich an sie gewöhnt. Auf ihren Wunsch hin nahm ich eine Straße, die nicht auf der Karte verzeichnet zu sein schien. Es ging steil nach oben. Inzwischen war es mir fast egal, wo wir landeten, wir hatten uns mehrfach verfahren und meine Tagesportion Kultur blieb mir verwehrt. Die Straße wurde immer schmaler, ihre Beschaffenheit gröber, verwahrloster. Wo waren wir nur? Neben mir jauchzte es. Die Klimaanlage des kleinen Polos konnten wir getrost vergessen. Ständig musste ich ihr erklären, dass sie nicht funktionierte bei offenem Fenster. Sie hörte nicht auf mich, hörte nicht zu. Es kam zur Explosion. In mir brach etwas auf. Dass ich so schreien konnte, wusste ich nicht. Danach war es ganz still. Vom Fenster aus konnte ich das Meer sehen. In der Böschung schien ein wilder Pfad zu sein. Neben mir – kein Laut. Endlich. Plötzlich stieg sie aus. »Wohin gehst du?«, fragte ich. »Komm doch mit, dann weißt du es«, rief sie auf dem Weg ins Dickicht. Mein Schädel brummte, so sehr hatte ich mich aufgeregt. Wir kämpften uns durch das Geäst, der Weg nach unten wurde immer steiler. Unsere Flip Flops zogen wir irgendwann aus, gingen barfuß, das gab mehr Halt. Schließlich lag sie vor uns: die einsamste Bucht der Welt. Fast wie auf den Bildern der Karibik, die Achim und ich uns auch als Erwachsene bloß ansahen statt hinzuzufliegen. In 15 Jahren Beziehung hatten wir es nicht einmal geschafft, dort Urlaub zu machen.

Wir zogen uns aus, sprangen ins Meer. »Wie fühlst du dich?«, fragte sie. »Meine Füße bluten«, brummte ich, obwohl es mir gut ging wie lange nicht mehr.

Damals, kurz nach dem Urlaub: Das mit der Scheidung war schnell erledigt. Wir waren ja nicht böse aufeinander. Achim standen die Tränen in den Augen. »Kommst du klar?«, fragte er. Ich strahlte ihn an. »Ja, danke.«

Damals im Urlaub: der letzte Abend. Wir lagen mit einer Gruppe von Menschen am Strand. Jemand spielte Gitarre. Längst hatte sie begonnen zu knutschen, mit einem dieser Kerle, ein Engländer, klar. Zwischendurch sang sie Lieder, beeindruckte alle mit ihrer Stimme. Gab es etwas, das sie nicht konnte?

Natürlich war es ihre Idee, schwimmen zu gehen, mitten in der Nacht ins Meer zu springen. Beinahe alle zogen mit. »Komm schon«, sagte sie, ich folgte. Die Wellen waren nicht ohne, warfen mich zurück, drückten mich runter. Salzwasser in der Nase, im Mund. Ich hustete. In der Ferne hörte ich ihr Lachen. Es war finster, das Wasser bedrohlich. Am liebsten wäre ich zurückgeschwommen. Doch ich folgte ihrem Lachen, wollte kein Spießer mehr sein. Meine Augen brannten, als ich mich näherte. Es war tief genug, sodass die Wellen sich nur noch zu einem Hügel türmten, aber sich nicht mehr brachen. Da war sie. Erst jetzt erkannte ich, dass sie jemanden küsste. Es war nicht der Kerl vom Strand, sondern ein anderer. Als sie mich sah, schwamm sie auf mich zu. »Was ist nasser als Wasser?«, fragte sie. Die Wellen hoben uns an, ließen uns wieder runter. Es war schwer, sich zu unterhalten. Ihre Hand griff nach mir, sie zog sich an mich, umschlang mit den Beinen meinen Körper. Beinahe wäre ich untergegangen, hielt mich mit aller Kraft über Wasser. »Was soll das?«, rief ich. »Lass mich los.«

»Was ist nasser als Wasser?«

»Ist das ein Rätsel?« Ich ruderte im schwarzen Nass, versuchte, uns zu halten, rang nach Luft. »Ja!«, rief sie. Ich konnte ihren Atem riechen, so nah war sie mir. »Was weiß ich. Lass mich los, ich kriege keine Luft.« Ihre Beine lösten sich, sie nahm meine Hand. Ich zuckte zurück. »Vertrau mir.« Inzwischen waren wir allein, die anderen zurück zum Strand geschwommen. Nur das Lagerfeuer ließ erahnen, wie weit wir bereits vom Ufer entfernt waren. Zu weit. Meine Hand spürte ihre Hüfte, glitt weiter über den Beckenknochen, weiter runter. Ihr Schamhaar fühlte sich rau an, wie ein vertrockneter Ginsterstrauch. Wieder zuckte ich. Mit Gewalt riss sie meine Hand zu sich heran, in sich hinein. Dort war es schleimig, warm, schien nasser als Wasser. Zwei meiner Finger steckten tief in ihrem Leib. Sie ritt darauf, zog sich zusammen, stöhnte in mein Ohr. Als sie meine Hand losließ, bekam diese ein Eigenleben. Wie von selbst fingerte ich sie. Sie war schön, roch so gut, ich konnte nicht anders. Und doch hasste ich sie dafür, mich dafür. Das Meer hatte uns weit rausgetrieben. Ihr Orgasmus weckte uns auf. Panik. Was geschah mit mir? Die Lichter vom Strand waren noch weiter in die Ferne gerückt. Ohne ein Wort schwamm sie vor. Eine gute Schwimmerin war sie, geübt und viel besser als ich. Mein Herz ging heftig, mein Atem stoßweise. Weiter, immer weiter. Wir werden es nicht schaffen, dachte ich. Vor mir sah ich ihren Kopf aus dem schwarzen Wasser ragen. Mit letzter Kraft kämpften wir uns durch die Wellen, die sich langsam wieder zu brechen begannen. Am Ufer standen die Engländer, nahmen uns in Empfang. Einer von ihnen griff nach mir, hob mich vom Boden, trug mich. Ich war nackt. Nackt auf dem Arm eines Fremden. Um mich herum weitere Augenpaare, auf mich gerichtet. Mein Kopf drehte sich. Ich hustete, rang weiterhin nach Luft. Und dann sah ich sie. Sie stand über mir. Ja, sie stand, schaute mich besorgt an, lächelte schräg. Ihr kleiner Busen hing direkt unter ihrem Lächeln, so schien es aus dieser Perspektive. Jemand streichelte mir über den Kopf. Ein anderer redete auf mich ein. Ich sah nur sie. »Vom Katholik zum Nudisten – steile Karriere!«, sagte sie, strich mit einem Finger über meinen entblößten Nippel. Hätte ich die Kraft gehabt, ich hätte sie wohl erwürgt.

Die Hand auf meinem Kopf legte sich auf meine Wangen. Jetzt sah ich, dass sie einem jungen Mann gehörte, nicht älter als 24. Schön war er, hatte Sommersprossen, rotes Haar, die Schultern leicht verbrannt. Das sah man selbst hier im Dunkeln. Natürlich ging es nicht um ihn, als ich ihn an mich zog, meine Zunge durch seine Lippen stieß. Ich sah nur sie, wollte eine Regung in ihrem Gesicht erzeugen. Ihre Augen trafen die meinen, während meine Hände die Brust des Engländers befühlten. Weiche Haut, junge Haut. Ganz anders als die von Achim. Ihr Blick sprach Bände. Endlich wusste ich: Sie war ebenso fixiert auf mich wie ich auf sie. Auch sie griff zu, nahm sich einen der Gitarrenspieler. Es wurde still ums Feuer, langsam verzogen sich die anderen. Nur wir vier blieben übrig. Überall Hände und Zungen. Ich küsste sie zum ersten Mal, bohrte meine Finger wieder in sie hinein, spürte ihr Beben, während sich einer der Jungs in mich schob. Alles schien vergessen. Nur Körper, nur spüren, riechen, schmecken, nur Seelenflug.

Hinterher legten wir uns um die Glut des Feuers. Wir tranken Wein, kifften. Ja, auch ich. Was passiert war, wusste ich nicht. Zum ersten Mal hatte ich das Gefühl, mitzuhalten.

Heute: Sie sitzt auf der Bettkante, betrachtet mich. Langsam öffne ich die Augen, lasse sie wissen, dass ich wach bin. Warme Lippen auf meiner Stirn. »Ich muss los«, sagt sie, steht auf. Ein sich entfernender Apfel in meinem Blickwinkel. Bilderbucharsch. An der Tür dreht sie sich noch einmal um. »Bis später.«

18. ERLEBNIS

Geiz ist geil

Lucas (38), Anwalt, Köln, über Tatjana (30), Polizistin, Köln

Meine Frau ist höchst anspruchsvoll. Alles muss vom Feinsten sein. Nicht, dass sie ihre Kleider, das Gericht im Restaurant oder ihre Heels nach Preis oder Marke auswählte. Allem Anschein nach hat sie ein Gespür für hochpreisige Waren. Da ich ihr kaum einen Wunsch abschlagen kann, musste ich mir etwas einfallen lassen, um Frau und Kontostand gleichermaßen im Zaum zu halten. Wobei ein Konto leichter wieder auszugleichen war als das wilde Gemüt meiner Liebsten. Besonders ins Geld ging unser Bedarf an Sexspielzeug. Gerade in diesem Bereich hatte ich leider kein einziges Wörtchen mitzureden. War meine Frau der Meinung, ein herkömmlicher Knebel war nicht ausreichend, musste eine Maulpflaume in mittelalterlicher Optik her. Ganz zu schweigen von der Dildostange, an der ich das ein oder andere Tänzchen für sie hinlegen durfte. Es erforderte eine Menge Selbstdisziplin, an einer Stange zu tanzen, die einem im selbem Moment nicht bloß die Hinterbacken, sondern auch das Konto sprengt.

Wie gesagt: Eine Lösung musste her. Was für ein Glück, dass ich einen Bekannten hatte, der für verschiedene Kunden Kunst- und Wohnobjekte herstellte. Als Anwalt konnte ich schon immer gut punkten mit Tauschgeschäften in Sachen Dienstleistung. Also machte ich ihm ein Angebot, das er nicht ausschlagen konnte: seine Erfahrung in Sachen Kunsthandwerk gegen eine kostenlose anwaltliche Vertretung meinerseits, für die nächsten zwei Jahre.

Johann nahm mich unter seine Fittiche. Eine Zeit lang opferte ich meine Sonntage, um mit Johann Sexspielzeuge zu entwerfen. Johann hatte bereits Erfahrung in diesem Bereich. Auch er hatte schon das ein oder andere fürs eigene Schlafzimmer entworfen. Somit war ihm keine Idee zu schräg, kein Entwurf zu absonderlich. Selbstverständlich wusste meine Frau, wo ich meine Sonntage verbrachte. Was ich ihr nicht erzählte: In den Wochen hatte sich bereits einiges an perfiden Toys angesammelt. Damit wollte ich sie überraschen. An meinem letzten Tag lud ich insgesamt zwölf neue Spielzeuge in den

Kofferraum. Einzelanfertigungen, von Johann und mir persönlich entworfen. Meine Sparmaßnahmen hatten sich gelohnt.

Ich dankte Johann, trank ein kleines Bier und stieg in mein Auto. »Hab 'nen Wagen, voll beladen, voll mit schönen Sachen«, trällerte ich und machte mich auf den Weg zum SMutzig-Stammtisch. Dort würde ich sogleich meine Kunstwerke präsentieren. Die Autobahn schien leer zu sein. Bis auf diesen einen LKW, den ich beim Gasgeben auf der Auffahrspur im Rückspiegel entdeckte. Das könnte knapp werden, dachte ich, trat das Gaspedal voll durch, geriet ins Schleudern. Der Fahrer des LKWs holte alles aus seiner Hupe raus, was ging. Geschafft. Haarscharf war ich einem Unfall entgangen. Nur gut, dass meine Liebste nicht mit an Bord war. Meine Laune jedoch war nicht kleinzukriegen. So trat ich erneut aufs Gas, drehte das Radio lauter, bretterte Richtung Stammtisch. Lange musste ich nicht warten, bis ich ein blaues Licht in meinem Rückspiegel erkannte. Dieses blaue Licht leuchtete nicht bloß blau, sondern forderte mich auf, rechts ran zu fahren. Unverzüglich leistete ich der Aufforderung folge. Meine Unterlagen hatte ich allesamt dabei. Pokerface an, Motor aus. »Guten Abend«, hörte ich die Stimme einer strengen weiblichen Polizistin. Zu meinem Vergnügen sah die Dame ausnehmend gut aus. »Darf ich mal ihre Papiere sehen?«

Ich hielt den Kopf aus dem Fenster, »Netten Blondinen wie Ihnen zeige ich fast alles«, entfuhr es mir. Bei Damen in Uniform rutschte mir das Herz innerhalb von Sekunden auf die Zunge. Flirtmodus. Ich hätte mit einer Ermahnung gerechnet, still und heimlich selbige sogar erhofft. Stattdessen bekam die schöne Polizistin rote Wangen bis zu den Ohren, senkte den Blick. Süß, dachte ich.

Wie man jedoch weiß, kommt eine Uniform nur selten allein. Aus dem Wagen stieg ein großer Mann, mit düsterer Miene, stellte sich neben die Schöne. »Steigen Sie mal aus.« Es folgte das Übliche. »Haben Sie getrunken?«

»Wie viel?«

»Hauchen Sie mich mal an.«

»Bitte hier hinein pusten.« Ich zeigte Fahrzeugpapiere sowie meinen Führerschein, erklärte, dass ich den LKW zu spät gesehen hatte und ich ja quasi nur mein Leben retten wollte. Wie zufällig wich die Blonde all meinen Blicken aus. Dabei hielt sie sich im Schutz ihres wuchtigen Kollegen. Und während ich noch dabei war, die schüchterne Dame zu genießen, wurde ich zu etwas aufgefordert, das meinen Genuss augenblicklich zum Erliegen brachte. »Machen sie doch mal den Kofferraum auf!«

Der Anblick meines Spielzeugs brachte zweierlei Reaktionen hervor. Der Blondine schien es zu reichen, sie verzog sich in den Streifenwagen. Anscheinend um die Quittung für mein Bußgeld auszufüllen. Den großen Bullen aber hatte die Neugier erfasst. Was es denn damit auf sich habe, fragte er, ein selbst geschmiedetes Kopfgeschirr in der Hand. Als ehrlicher Bürger war ich in der Pflicht, die Wahrheit zu sagen. Also berichtete ich ausführlich, wie meine Gerätschaften zu einem möglichen Einsatz kommen sollten. Je mehr ich mich in Erklärungen verlor, desto mehr Befremdung legte sich über das Antlitz meines Gegenübers. Dass ich um ein Bußgeld nicht herumkäme, presste er schließlich aus schmalen Lippen hervor. Sicher war er froh, dass ich keine weiteren Geschichten auf Lager hatte. Seine Neugier war versiegt. »Meine Kollegin kümmert sich um den Rest. Fahren Sie vorsichtig«, mit diesen Worten ging er zurück zum Wagen.

Ohne ein Wort drückte mir die Blondine einen Zettel in die Hand und verschwand ebenfalls. Als der Wagen sich entfernt hatte, besah ich meinen Strafzettel. Schon wieder musste ich also Kohle abdrücken. Von allen Seiten wollten sie mir das Geld aus der Tasche ziehen. Wie gut, dass ich zumindest in puncto Sextoys vorgesorgt hatte. Suchend wanderten meine Augen über den Wisch in meiner Hand. Es handelte sich nicht etwa um einen üblichen Vordruck, sondern um ein weißes Blatt Papier. Kein Name, keine Straftat, keine Strafe. Lediglich eine Handynummer und der Hinweis: »Um 17 Uhr habe ich Feierabend. Ruf mich an.«

Wie konnte das sein? Was war da los? Hatte die Polizistin meine Flirtversuche etwa überinterpretiert? Womöglich war es frustrierend, den lieben langen Tag auf Streife zu sein, mit einem humorbefreiten Typen wie ihrem Kollegen an der Seite. Da brachte ein Kerl wie ich frischen Wind ins Dunkel ihres Alltags. Die Sextoys mussten sie ebenfalls neugierig gemacht haben. Ein Grinsen machte sich breit. Der Egopush war mir höchst willkommen. Natürlich würde ich die Kleine nicht anrufen. Ich war ja in festen Händen. Das Beste daran, dass ich um eine Geldstrafe herum gekommen war.

Später beim Stammtisch legte ich Beichte ab. Meine Frau wartete nicht gern, auch keine 15 Minuten, denn viel später war ich nicht. Um das Ausmaß meiner Strafe möglichst gering zu halten, ließ ich meine Dame einen Blick in den Kofferraum werfen. Mein Plan ging auf, brachte ihre Augen zum Leuchten. Spieltrieb. »Hast du die Nummer noch?«, fragte sie. Ich nickte. »Ruf da an.« Befahl sie. Hatte ich erwähnt, dass meine Frau neugierig ist? Widerstand war allerdings zwecklos, sie hatte entschieden. Also wartete ich, bis es fünf war, und wählte die Nummer der Polizistin. Neben mir meine vor Neugier vibrierende Frau.

Es dauerte nicht lange und sie meldete sich. Kaum dass ich mich zu erkennen gab, sprudelten die Worte aus ihrem Mund. Meine Frau konnte nicht hören, was sie sagte. Später aber erzählte sie mir, sie habe den Groschen bei mir sprichwörtlich fallen sehen. So war es tatsächlich.

Wenig später saß Tatjana, so hieß die Polizistin, in ziviler Kleidung beim Stammtisch. Meine Frau und ich hatten sie schon öfter gesehen. Nicht aber in Uniform, sondern wie jetzt, in Jeans und Pullover. Unscheinbar und niedlich. Tatjana hatte mich sofort erkannt, als ich meinen Kopf aus dem Fenster meines Wagens gestreckt hatte. Aufgrund meines forschen Spruchs hatte sie vermutet, dass auch ich sie erkannt hätte. Die gesamte Zeit am Auto war für Tatjana ein Bangen um ihren Job gewesen. Als weiblicher Polizist hat man es nicht leicht bei seinen männlichen Kollegen. Tatjana wollte unbedingt vermeiden, dass ihre Neigungen ins Visier ihrer Kollegen gerieten. Deshalb die roten Wangen. Auch in der Szene musste nicht jeder mitbekommen, welchem Beruf Tatjana nachging. Aus diesem Grund hoffte sie auf meinen Anruf, um weitere unangenehme Begegnungen zu vermeiden.

Nach diesem Tag sahen wir Tatjana kein einziges Mal mehr auf diesem Stammtisch.

Ein halbes Jahr später verursachte ich einen Auffahrunfall. In ein Gespräch mit meiner Frau vertieft (ich glaube, es ging um die Anschaffung eines Abendkleides), hatte ich zu spät gebremst und war einer alten Dame hinten aufgefahren. Das einzig Gute daran war, dass wir zu zweit waren und eventuell der alten Dame die Schuld in die Schuhe schieben konnten. Auch wenn dies charakterlich kein feiner Schachzug war. Aufgrund ihres fahrbaren Untersatzes schlossen wir auf eine hohe Rente. Sicher würde die alte Lady einen kleinen Blechschaden verschmerzen können. Meine Frau rief sogleich die Polizei, die nur wenige Minuten später vor Ort war. Zu unserer Überraschung war es Tatjana, die unsere Personalien aufnahm. Voller Erleichterung atmeten wir auf. Perverse halten zusammen, ganz klar.

Neben ihr ein neuer Kollege. Nicht minder grummelig als sein Vorgänger. Wie auch beim letzten Mal bekam Tatjana rote Bäckchen, als sie uns erblickte. Leider konnte meine Frau ihre Sticheleien nicht lassen. (Hatte ich erwähnt, dass meine Frau sich gern auf dünnem Eis bewegt?) »Na, wer wird denn da gleich rot werden?« Tatjana zog eine Braue nach oben. »Nun ja«, sagte sie. »In Ihrem Fall die Ampel, die die Dame vor Ihnen ordnungsgemäß die Bremse hat treten lassen. Das wird richtig teuer.« Ohne zu zögern kam Tatjana zu dem Schluss, dass wir die Schuldigen waren. Dann brauste sie auf Nimmerwiedersehen davon.

Ja, meine Frau weiß genau, wie man schnell und unnötig Geld verschleudert. Da ich davon ausgehe, dass sie diese Geschichte ebenfalls lesen wird: Hatte ich erwähnt, dass ich meine Frau liebe?

19. ERLEBNIS

Rike

Oli (34), Texter, Hamburg, über Rike (27), Grafikerin, Bremen

Rike habe ich auf der Weihnachtsfeier unserer Firma kennengelernt. Im Zusammenhang mit Projekten hatte ich ihren Namen oft gehört. Als externe Mitarbeiterin war sie zuständig für das Einbinden von Grafiken auf unserer Webseite. Dass sie einen wunderschönen runden Po besaß und einen tollen, großen Busen, hatte ich bis dato nicht gewusst. Wie jedes Jahr hatte der Chef sämtliche Kosten und Mühen gescheut und die Feier bescheiden gehalten. Bereits das dritte Jahr in Folge saßen wir um den Weihnachtsbaum in seinem Wohnzimmer, tranken Glühwein aus dem Tetrapack und knabberten Spekulatius.

Man redete über dies und das, und wenn das Thema ausgelutscht schien, auch über dieses und jenes. Eine Feier unter Kollegen eben. Wer macht die besten Witze? Wer gewinnt den Award im Schleimen beim Chef? Wer schlägt über die Stränge? Wer kotzt dieses Jahr als Erster das Badezimmer voll? Darüber wurde den Rest des Jahres gern gesprochen. Privates behielt man lieber für sich. Sofern man dazu noch in der Lage war. Der Glühwein machte geschwätzig. Besonders die Damen. Aber die plauderten auch ohne Alkohol munter drauflos. Über mögliche Weihnachtspräsente für den Liebsten, über selbst gebastelte Kalender und die allgemeinen Gepflogenheiten am heiligen Abend.

Nur Rike saß etwas abseits, kippte Glühwein und beobachtete das rege Treiben. Gelangweilt wirkte sie, als sei sie nicht sicher, ob es eine gute Idee war, hierher zu kommen.

Christa aus der Buchhaltung war im vergangenen Jahr auf die Idee gekommen Gräuel-Julklapp zu spielen. Dies war so gut beim Chef angekommen, dass er dieses Jahr bereits im Oktober seine Feier ankündigte und auf einen erneuten Gräuel-Julklapp hinwies. Die Spielregeln waren ebenso simpel wie sinnfrei. Jeder musste einen Gebrauchsgegenstand mitbringen, der nach Möglichkeit grässlich anzusehen war. Zum Beispiel eine abscheuliche Vase, eine verkitschte Tischdecke oder andere geschmacksverirrte Deko. Fein säuberlich verpackt kamen alle Geschenke in einen Sack. Dann wurde gezogen.

Sobald jeder mit einem Päckchen versorgt war, wurde ausgepackt. Das Gekreische war groß. Besonders aber, als Projektleiter Günther aus seinem Paket eine Dekofigur zog, die auch im letzten Jahr für einen hohen Lautstärkepegel gesorgt hatte. Der Gewinner des letzten Jahres hatte selbige wieder mitgebracht. Denn laut seiner Aussage gab es nichts Scheußlicheres in seinem Haushalt als dieses Ding. Wir glaubten ihm uneingeschränkt. Es war ein braunes Porzellan-Äffchen, mit einem pinkfarbenen Phallus in der Hand. Geschmacklos auf ganzer Linie – ein Volltreffer also. Der Chef persönlich hatte ihn voriges Jahr ins Spiel gebracht und damit den Gräuel-Julklapp-Pokal, eine Flasche Rotwein, erhalten. Auf die Idee, das abstoßendste Mitbringsel zu küren, war unsere Kundenberaterin gekommen.

Ja, dieses Spiel war von vorne bis hinten organisiert und optimiert worden. Aber dies war noch nicht alles. Sobald sich das allgemeine Gelächter gelegt hatte, wurde gewürfelt. Wenn man also annahm, man sei dem Äffchen entkommen, so täuschte man sich gewaltig. Wer eine 1 oder eine 6 würfelte, durfte sich einen Spieler aussuchen, mit dem er tauschte. Wie auch im letzten Jahr waren durchaus attraktivere Gegenstände im Rennen. Somit war die Option zu Tauschen nicht in jedem Fall ein Gräuel.

Noch immer saß Rike in der Ecke, blickte stumm auf ihren Gewinn. Es war eine Duftkerze von Ikea. Ich war mir sicher, dass die Damen alle scharf darauf waren. Also nahm ich mir fest vor, bei einer 1 oder einer 6 jene Kerze in meinen Besitz zu bringen, um die allgemeine Spannung zu erhöhen. Es dauerte einige Runden, inzwischen hatte man mir meinen Gewinn, einen Konsalik-Roman, entrissen und das hässliche Äffchen war in meinen Besitz übergegangen. Das Spiel würde erst dann enden, wenn jeder einmal eine der Zahlen gewürfelt hatte. Somit hatte ich noch eine letzte Chance, dem Fluch zu entkommen. Endlich kam sie: die 6.

Rike hatte sich des Spiels enthalten. Das war mir aber egal, denn ich wollte diese Kerze. In diesem Moment sah sie mir zum ersten Mal in die Augen. Ich war nicht sicher, ob sie verstanden hatte, worum es ging, und dass unser Tausch kein fairer war. Denn mit einem breiten Lächeln nahm sie mir das Grauen aus der Hand. Die Truppe aber protestierte und war der Meinung, dass Rike nun auch selber würfeln müsse. Das tat sie dann auch. Das Äffchen wanderte noch zweimal hin und her und landete letztlich wieder bei Rike. Irgendwie tat sie mir leid. Nicht wegen des Äffchens, sondern aufgrund ihrer selbst gewählten Isolation von der Gruppe. Doch als Äffchen-Besitzer war man in aller Munde und so gingen auch die anderen auf sie zu. Es wurde getrunken und der Abend nahm seinen Lauf.

So sehr die Damen auch versuchten, Rike in ihre Gespräche über Männer, Rezepte und Einkaufsgutscheine einzubeziehen, waren sie doch nicht in der Lage, das Eis zu brechen. Rike war anders. Das mochte ich an ihr. Als der Glühwein den Kollegen bereits die Wangen färbte und die Zunge immer mehr lockerte, siegte die Langweile. Ich beschloss, mir im Bad das Gesicht mit Wasser zu kühlen und dann gen Heimat zu fahren. Mit dem Taxi natürlich. Die Gästetoilette war besetzt. Der Chef machte eine Handbewegung und deutete nach oben. »Geh ruhig ins andere Bad, aber zieh deine Schuhe aus, sonst frisst mich meine Frau«, lallte er und goss sich Glühwein nach. Oben im Bad wagte ich mich kaum umzusehen. Das ganz private stille Örtchen meines Chefs stand nicht gerade auf der Liste der Reiseziele, die ich schon immer besuchen wollte.

Jemand klopfte von außen an die Tür, ich öffnete, blickte in das Gesicht von Rike. Sie schien ebenso überrascht wie ich. In ihren Händen hielt sie das Gräuel-Äffchen. Es tropfte. Anscheinend war es in Glühwein getränkt worden. »Ich will nur kurz seinen Penis waschen.« Ich stutzte. Hatte sie das wirklich gerade gesagt? Hatte diese eben noch scheu wirkende Person wirklich »Penis« gesagt?

»Kloparty?«, fragte sie jetzt. Nichts weiter, nur:« Kloparty?« Da ich es für ihren eigenwilligen Humor hielt, zwängte ich mir ein Lachen aus der Kehle. »Das war eine Frage«, sagte sie. »Nein, das war ein Wort. Eine Frage besteht nicht nur aus einem Wort«, konterte ich. »Okay«, sagte sie, machte eine Pause, sah mich an wie ein hungriger

Wolf. »Machen wir eine Kloparty? Du und ich?« Erst jetzt begriff ich, was sie meinte, hielt es aber noch immer für einen seltsamen Witz. »Klar«, sagte ich. »Mit dem Aftershave vom Chef.« Rike aber war längst im Bad, zog mich in den Raum. Während sie Wasser über den Affen laufen ließ, seinen Phallus zwischen Daumen und Zeigefinger rieb, zeigte sie auf eine weitere Tür neben dem Waschbecken. »Da ist das Schlafzimmer vom Chef.« Abgelenkt durch ihre Fingerfertigkeit nickte ich verstört. Etwas in mir wollte fliehen, aber ich blieb.

»Mal sehen, was der Chef so in seiner Kommode hat.« Ehe ich mich versah, stand ich im Schlafzimmer vom Chef. Rike hatte etwas Magisches. Wie ein Magnet zog sie meine volle Aufmerksamkeit auf sich. Was wir taten, hätte uns die Jobs kosten können. Für Rike war das weniger tragisch als für mich, sie war ja bloß als Freiberuflerin bei uns. Rike tänzelte um mich herum, wedelte mit ihrem Hintern. Im Nachttisch fand sie einen Dildo. »Leg ihn zurück, bitte, leg ihn zurück«, flehte ich. Es gefiel ihr, mich so zu sehen. Sie legte sich aufs Bett, fuhr mit dem Dildo ihre Scham entlang. »Was tust du dafür?« Ein paar Momente brauchte ich, bevor ich verstand, worum es hier ging. Ein Spiel, dessen Regeln Rike bestimmte. Sie war verdammt sexy. In meiner Hose zuckte es bereits. Unfähig mich zu bewegen, wollte ich dennoch weg hier. »Wenn du mir deinen Penis zeigst, dann lege ich den Dildo zurück.« Da war es wieder, dieses Wort aus ihrem Mund. »Penis«, hallte ihre Stimme in meinem Kopf nach. »Penis.«

Rike begann sich auszuziehen. »Mal sehen, was der so kann«, sagte sie. Unter anderen Umständen hätte sie offene Türen eingerannt. Die Situation jedoch war zu prekär. Job versus Sex meines Lebens. Schwierig. Wenn ich es richtig anstellte, könnte ich vielleicht beides haben. Meine verrückte Kollegin war nicht mehr aufzuhalten. Also öffnete ich meinen Gürtel und hatte zumindest schon mal ihre Aufmerksamkeit. »Mach weiter«, stöhnte sie. Wie es schien, gefiel ihr die Aussicht, gleich einen richtigen Penis zu Gesicht zu bekommen. Nein Baby, meiner war aus Fleisch und Blut, nicht aus Porzellan. Da stand ich also, mitten im Schlafzimmer meines Chefs, hielt meinen erigierten Schwanz, machte mich freiwillig zum Affen. Auf dem Nachttisch gegenüber stand mein hässlicher Gegenspieler aus Porzellan und verspottete mich. Ich weiß nicht genau wie, aber irgendwie war ihr Mund plötzlich da und dann ging alles ganz schnell. Kein Blut mehr im Kopf, um an den Chef zu denken, spritzte ich Rike wenig später aufs Dekolleté. Auf dem Weg nach unten überkam mich die Scham. Doch niemand hatte unseren kleinen Abstecher ins Schlafgemach des Geschäftsführers bemerkt. Was für ein Glück. Mit einem Taxi fuhren wir zu mir. Ich hoffte auf eine aufregende Nacht. Leider schlief sie auf der Stelle ein. Am nächsten Morgen fuhr sie heim. Trotz meiner Telefonnummer, die ich ihr zum Abschied unterjubelte, hörte ich nie wieder etwas von ihr. Bloß der Chef erwähnte sie manchmal im Zusammenhang mit Projekten. Im Sommer hörte ich dann, dass wir einen neuen Externen für die Grafiken hatten und Rike weg war. Keiner wusste, wo.

Ein Jahr später war es wieder so weit. Weihnachtsfeier beim Chef, Gräuel-Julklapp inklusive. Alles war wie immer. Lange hatte ich nicht mehr an Rike gedacht. Aber an diesem Abend kam die Erinnerung zurück. Während jeder sein Geschenk aus dem Beutel zog, musste ich an ihre Brüste denken, ihren Hintern, ihr Lachen. Wie spontan wir waren. Wie verrückt sie mich gemacht hatte. Mit einem Mal kam Unruhe auf. Britta, aus der Grafik, hatte etwas Besonderes in ihrem Päckchen. Es war das Gräuel-Äffchen. Ich lachte laut auf, freute mich über die Resonanz meiner Mitspieler. Schließlich war ich derjenige, der es mitgebracht hatte. »Wo kommt das denn her?« riefen sie. »Das hat doch Rike letztes Jahr gewonnen.«

Tatsächlich. Das hatte ich ganz vergessen. Rike hatte das Äffchen damals bei mir auf dem Nachttisch stehen lassen. »Mit freundlichen Grüßen«, hatte sie gesagt. Das Jahr über war es dort stehen geblieben. Genug Zeit, um zu vergessen, dass nicht ich der Gewinner des Äffchens war, sondern sie. Der Porzellan-Penis hatte mich verraten. Seither werde ich in der Firma Äffchen genannt. Der Affe selbst ist unser Wanderpokal geworden und trägt den Namen Rike.

Egoisten
unter sich

Anne (33), Künstlerin, Berlin, über Mark (28), Physiotherapeut,
Berlin, und Grey (ca. 70), Barbesitzer, Nizza

Ich schaue ihn nicht mehr an, meide direkten Augenkontakt. Mein Körper wird von einem heftigen Gähnanfall geschüttelt. Müdigkeit, mir fehlt es an Kraft. Der grün akzentuierte Raum des Hotels ist leer. Kein Wunder, bei diesen Temperaturen begibt sich niemand freiwillig in den Saunabereich mit der angrenzenden Ruhezone. Niemand, außer uns. Streit und Diskussionen haben unseren Tag gefüllt. Auch die Tage zuvor waren nicht besser. Wir dachten, die Sonne, das Meer, die fremde Atmosphäre könnten unsere Probleme bereinigen, der Kälte zwischen uns ein angenehmes Mäntelchen überwerfen. Doch wer braucht schon Mäntel im Hochsommer?

In Nizza wohnt die Liebe, hatte er gesagt, auf dem Weg zum Flughafen, und gelächelt, weise gelächelt. Aber er hatte unrecht. Den halben Tag haben wir nach unserem neuen Hotel gesucht. Vielleicht war es tatsächlich die Karte, die uns fehlgeleitet hatte, wie er sagte. Vielleicht sind wir es auch einfach schon immer gewesen. Fehlgeleitet durch den Anderen.

Das Kunsthotel in der Nähe der Promenade hat verschieden gestaltete Räume. Wir haben den Chaos-Raum bekommen, ausgerechnet. Im Stil eines Horrorfilms hat sich der Künstler im Zeichen des Wahnsinns an der Wand verewigt. Ein Gedicht, das sich immer wiederholt, ziert die Wände. Die aggressive Handschrift eines Irren – wie ein typografischer Schrei.

Beim Eintreten war ich gleichermaßen fasziniert wie angewidert. Hier sollten wir zur Ruhe kommen? Hier? Unmöglich. »Irgendwie destruktiv, findest du nicht?«, entfuhr es mir. Mal wieder fand er einen Angriff in meinen Worten. Einen Vorwurf, wie schon den ganzen Tag lang. Irgendwie brannten mir wohl die Sicherungen durch. Chaos-Raum halt.

Nach einer langen Dusche war mein Zustand einigermaßen stabilisiert. Auch Mark duschte ausgiebig. »Lass uns mal das Hotel begutachten«, schlug ich vor. Schließlich landeten wir hier: im grünen Ruheraum. Wieder bebt mein Körper, während ich, den Mund weit aufgerissen, gähne.

»Und jetzt?«, fragt er. Da ist nichts mehr. Will ich sagen. Wir kennen uns doch kaum. Sechs Monate, was ist das schon? Sechs Monate und dann schon Krisenurlaub? Das kann doch nicht sein. Stattdessen aber sage ich: »Ich hab Hunger.« Meine Stimme klingt gelangweilt. Das wars, denke ich wieder. Ich will hier nur noch weg. Endlich geben meine Lippen nach, formen meine Gedanken zu Worten: »Ich will hier nur noch weg«, murmle ich. »Du bist so ein Egoist!«, sagt er und steht auf. Ich weiß, das tut er nur, damit ich es nicht vor ihm tue, einfach gehen. Folgen tue ich ihm nicht. Fast bin ich ihm dankbar, dass er geht. Egoistisch? Das muss er gerade sagen …

Nach der Dusche habe ich lediglich ein weißes Leinenkleid über-geworfen, kurz und weit, fast wie ein Kittel – einen weißen String darunter. Ob ich in diesem Aufzug das Hotel verlassen kann? Mein noch immer feuchtes Haar habe ich zu einem Zopf geflochten. So-mit ist zumindest meine Mähne gebändigt. Für Make-up war keine Zeit. Nicht einmal Mascara. Noch mal kurz ins Hotelzimmer? Nein, denke ich, nein. Dort werde ich bloß auf Mark treffen und das Spiel geht von vorne los.

Nizza wimmelt von modebewussten Touristen. Überall sieht man sie, die Reichen und Schönen. Fast überladen. Der typische Strand-besucher scheint hier Mangelware. Doch momentan ist mir nach Normalität.

Beim Verlassen des Hotels atme ich durch. Die Nachmittagshitze ist einer angenehmen Abendbrise gewichen. Noch immer ist es sehr warm, doch erträglich. Meine Füße tragen mich zum Strand. Ruhe, endlich Ruhe. Am Strand knirschen Steine unter meinen Schritten. Ich setze mich, lasse meinen Kopf los, meine bösen Gedanken gehen. Zeit vergeht.

Als es dunkel ist, die Lichter der Stadt die Umgebung dominie-ren, beschließe ich zurückzugehen. Ganz egal, ob Mark im Hotel auf mich wartet. Ich werde eine Flasche Wein kaufen, mich in den Ruheraum zurückziehen, ja. Vielleicht sogar dort schlafen.

An der Promenade führt eine Hauptstraße entlang. Eine Ampel lässt mich warten. Während ich dort stehe, spüre ich den Blick eines Mannes auf mir. Lässig sitzt er in einem Korbstuhl, im Außenbereich einer Bar gegenüber. Sein Haar ist grau, er ist mindestens dreißig Jahre älter als ich. Sogar älter als mein Vater. Trotzdem empfinde ich seinen Blick nicht als unangenehm. Nachdenklich sieht er aus. Als überlegte er, was eine wie ich hier verloren hat, so ganz ohne Bling-Bling und Lippenrot. Mit Flip-Flops, statt Edelsandaletten, Bauernzopf, statt Hochsteckfrisur, H&M statt Gucci. Eine wie ich. Glaub mir, denke ich, das frage ich mich auch. Als ich ihn passiere, lächle ich, ohne ihn anzusehen. Es ist mir nämlich egal, was er denkt, ich stehe zu meiner Natürlichkeit.

Ein paar Meter weiter höre ich jemanden hinter mir rufen. »Madame …, Madame …« Ich werfe einen Blick über meine Schulter, bleibe stehen. Da steht er, dieser Kerl, und lächelt. »Scandinavian, right?« Verwundert schaue ich ihn an. »Excuse me?« Wieder lächelt er freundlich, hebt einen Finger, richtet ihn auf mein Gesicht. Ich zucke zusammen, als sein Finger sich nähert. Doch er stoppt kurz vor einer Berührung, zeichnet die Linie meines Wangenknochens nach. »I can tell by your cheekbones. You have this special face, like girls from Norway.« Ich schlucke trocken, fühle mich irgendwie geschmeichelt. »Germany«, sage ich.

»Deutschland, da bin ich groß geworden. Meine Mutter war Deutsche, aus Frankfurt.« Französischer Dialekt, sexy. Sein Deutsch ist gut. »Ich würde dich gern einladen, auf ein Glas Wein. Gleich hier, hast du Lust?« Derselbe Finger zeigt nun auf die Bar hinter uns. Mir ist, als stünde ich neben mir. Etwas in mir will nein sagen. Er ist zu alt, zu fremd, zu direkt. In meinem Kopf arbeitet es. »Jetzt kann ich sehen, dass du Deutsche bist«, kommt er meiner Antwort zuvor. Ich runzle die Stirn. »Deutsche Frauen sind nur wenig spontan, sie bevorzugen die Sicherheit und Planung. Ich lebe nun schon über dreißig Jahre hier in Nizza. Tag für Tag begegne ich den schönsten Frauen aus aller Welt. Sie unterscheiden sich voneinander, weißt du.« Empört bin ich schon ein wenig. Wie kann er so etwas sagen? »Du findest also, ich bin typisch deutsch? Und das machst du an den wenigen Eindrücken fest, die du von mir hast?« Mein Ton teilt ihm meinen Missmut mit.

Wieder lächelt er. Verbindlich, aber nicht aufdringlich. «Aber dieses Feuer in deinen Augen, jetzt gerade, das habe ich bereits eben sehen können. Als du an der Ampel gewartet hast. Außerdem: Du wärst längst weg, wenn du nicht neugierig wärst, auf mich, auf ein Gespräch mit mir.«

Sein dandyhaftes Auftreten hat Stil, auch wenn es mehr als durchschaubar ist. Trotzdem: An seinen Worten ist was dran. Zudem fühle ich mich geschmeichelt. Die Art, wie er über mich spricht, mit mir spricht, sein Ton. Die blauen vertrauensvollen Augen. »Also gut« sage ich, »aber nur ein Gläschen.« Vielleicht will er tatsächlich nur reden. Trotzdem gehe ich auf Nummer sicher.

»Ich werde nur etwas mit dir trinken, nichts weiter. Kein Sex, verstehst du.«

Aus der Reserve konnte ich ihn damit nicht gerade locken. Unbeeindruckt antwortet er: »Es gibt so viele Frauen in dieser Stadt, mit denen man Sex haben kann. Speziell osteuropäische Frauen. Perfekte Körper, mit Beinen bis zum Hals. Doch reden kann man mit diesen Frauen nicht. Würde ich bloß Sex wollen, hätte ich nicht dich angesprochen – die Frau mit den norwegischen Wangenknochen und den klugen Augen.«

Nun werde ich rot. Er bietet seinen Arm, ich hake mich ein, folge dem fremden Mann in die Bar. Was soll schon passieren? Es ist eine öffentliche Bar, ich gehe ja nicht zu ihm nach Hause. Weshalb er nun allerdings, nachdem er mir einen Barhocker zurechtgerückt hat, hinter der Bar verschwindet, ist ein wenig verwirrend. »Was trinkst du?«, fragt er. »Bitte lass mich wählen. Ich bin mir sicher, ich treffe deinen Geschmack.« Ich nicke, im Hinterkopf noch immer die Frage, weshalb er nun plötzlich Teil des Personals zu sein scheint. Der Fremde liest meine Gedanken. »Ja, diese Bar gehört mir. Seit über 15

Jahren schon.« Stirnrunzelnd wird mir nun einiges klar. So richtig öffentlich ist diese Einladung hier doch nicht.»Ich mag diesen Blick. Du bist eine Herausforderung«, reagiert er, füllt gekonnt Weißwein in ein Glas. Ich will etwas sagen, fragen, was er meint. Doch der Fremde legt einen Finger auf seine Lippen, stellt mir den Wein hin. Daneben ein Glas Wasser »Pssst, erst probieren.« Als ich die kühle Flüssigkeit im Rachen spüre, wird mir augenblicklich bewusst, dass ich schon vor Stunden hätte trinken sollen. Mein Körper ist ausgetrocknet. Das Glas Wasser leere ich in einem Zug

»Wie ist dein Name?«, frage ich und setze erneut den Wein an, der wirklich hervorragend schmeckt. »Ach Mädchen, was sind schon Namen? Du wirst ihn in zehn Minuten wieder vergessen haben. Da bin ich sicher.«, antwortet mein Gastgeber. Das Wort »sicher« klingt aus seinem Mund wie ein mit Rohrzucker gesüßtes Dessert. Süscher. Dass diese Franzosen mit ihrem Akzent die Romantik gepachtet haben, ist ja nichts Neues. Aber süscher ist süscherlisch das sinnlichste deutsche Wort aus dem Mund eines Franzosen. »Also willst du meinen Namen auch nicht wissen?« Kopfschütteln hinterm Tresen. »Oder mein Alter?«

»Oh, ich denke wir sind in einem Alter. Ich bin 17, manchmal auch 12, dann 25, aber niemals älter als 30.« Nun muss ich lächeln. Mir gefällt sein Humor. Die Augen tief und freundlich, das Haar recht voll für sein Alter. Steht ihm gut. In Gedanken gebe ich ihm den Namen Grey. Das finde ich irgendwie passend. Im Deutschen klingt Grau farblos, Französisch beherrsche ich nicht und auf Englisch klingt es irgendwie weise.

Mein leerer Magen wird mir zum Verhängnis. Bereits das erste Glas zeigt seine Wirkung. Grey schenkt nach, ich trinke weiter. Wir reden. Seine Menschenkenntnis macht mir Angst. Es scheint, als wüsste er alles über mich. Bin ich wirklich so durchschaubar? Oder bin ich einfach nur beliebig, eine wie alle? Kein Rätsel, weil er eine wie mich schon tausend Mal erlebt hat. Zurückhaltend ist er, höflich, aber direkt. Wenn das überhaupt möglich ist. Grey macht es möglich.

Er hat ein Gespür für meine Grenze, lotet sie aus, bremst ab, kurz davor. Was er nicht weiß, sind die Umstände, die mich herführten. Das ändere ich umgehend, erzähle von Mark, unserem Urlaub. Wie sehr mich sein Gejammer nervt, wie eingeschränkt ich mich fühle.

Grey hört zu, nickt hin und wieder wissend oder lächelt. Seine Hand hascht nach meinem Handgelenk, umfasst es, drückt zu, entfernt sich wieder. Kräftige Arme. Altersflecken auf den Händen, die Haut bereits ein wenig erschlafft. Neugier lässt mich seinen Arm berühren. Grey ist alt und ich möchte wissen, ob man dies auch ertasten kann. Weich ist seine Haut. Gewiss ist er überall so weich. Ja, weich und runzelig, wie ein Elefant. Mir hat mal jemand erzählt, dass sich Elefantenhaut weich anfühlt. Ich kann mich nicht erinnern, wer das war, und auch nicht, ob es wirklich stimmt. Aber es ist eine schöne Vorstellung. In meiner Fantasie ist Grey über und über mit runzliger grauer Elefantenhaut überzogen. Ich streichle seinen schlaffen Körper in Gedanken, massiere ihn, schiebe die Haut hin und her. Weiche, weise Elefantenhaut. Haut, die eine Geschichte erzählt, Haut, die gelebt hat. Sicher duftet er nach Salzwasser und Erde, nach feuchtem Stein, Lehm und frisch gemähtem Rasen. Sicher auch nach der weiten Welt, nach Abgasen, frischen Geldnoten, Pfeifentabak, dem Schweiß der schönsten Frauen, nach getrockneten Tränen und kostbarem Parfum. Auch ich möchte meinen Duft bei ihm hinterlassen, mich verewigen in ihm. Nicht durch Sex, das wäre zu einfach. Sein Geschlecht interessiert mich nicht im Geringsten. Es wird nicht anders sein als das eines Zwanzigjährigen. Auch wenn es sicher nicht mehr so einsatzfähig ist. Ob Grey Viagra nimmt, um seinem Hobby, den schönen Damen, gerecht zu werden? Ich will es nicht wissen. Mich interessiert nur seine weiche Elefantenhaut und ihr Duft. Darin einwickeln möchte ich mich, hineinsteigen wie in einen Schlafsack. Eine merkwürdige Vorstellung. Für mich jedoch in diesem Moment aufs Äußerste beruhigend und faszinierend zugleich.

Vielleicht sollte ich doch mit ihm schlafen? Einfach um ein Stück seiner Weisheit in mir aufzunehmen. Meine Gedanken verselbstständigen sich. Wein in meinem Mund, meinem Hals, meinem Blut. Grey schenkt nach, ich trinke, hänge an seinen Lippen.

Irgendwann, ich glaube, ich bin schon beim vierten Glas, beugt er sich zu mir rüber. So nah, dass ich sein Aftershave riechen kann – klassisch. Ich nehme einen Zug. »Weißt du, was dich so unwiderstehlich macht?«, fragt er plötzlich. Kurz bin ich versucht, mich zurückzuziehen. Vor wenigen Minuten hätte er mit dieser Frage eine Grenze überschritten. Jetzt jedoch scheint er den passenden Moment erfasst zu haben. »Nein, das weiß ich nicht«, antworte ich und ich meine es so. Den Elefanten-Duft, den sein Hals verströmt, die Bilder die mir dazu in den Sinn kommen – wie ein Gedankenkino. Eine Leinwand im Inneren. »Du bist genau wie ich.« Eben noch in seiner Duftwolke, tauche ich wieder auf, greife nach meinem Glas. »Dein Lächeln hat dich verraten. Als du an mir vorbeigegangen bist.«

Ich bin nicht sicher, was er meint, aber es hört sich zu gut an, als dass ich nachfragen möchte. Grey spricht weiter: »Die Art, wie du jetzt gerade das Weinglas berührst, ist die Art, wie du einen Mann berührst.« Mein Blick fällt auf meine Finger, die den Stiel des Weinglases hinauf- und hinabgleiten. Heiße Wangen, meine Vorsätze verlieren sich – so wie ich. Eine Hand auf meinem Knie. Die andere Hand löst das Haargummi meines Zopfes. Mein Kopf ist lahmgelegt – ein seltener Zustand. Grey zieht mein Haar auseinander, wuschelt hindurch, bis es ihm gefällt. Er nickt zufrieden, fügt hinzu:»Wir sind Egoisten, du und ich.« Seine Hand umfasst mein Haar, zwingt meinen Kopf in den Nacken. Weiterhin fliegen ihm die Worte aus dem Mund. »Zudem geben wir uns niemals mit halben Dingen zufrieden. Ganz oder gar nicht.« Grey hat recht, denke ich, bevor ich mich entscheide, das Denken für heute sein zu lassen.

Sein Bett ist riesig und duftet nach fremdem Waschmittel. Lange habe ich es nicht mehr ausgehalten, dort am Tresen. Seltsam, der Sex war so simpel. Jeder andere hätte ihn ersetzen können. Keine große weite Welt, keine schützenden Hautlappen, kein Elefant. Einen Orgasmus hatte ich dennoch. Das ist es doch, was Männer glauben macht, sie hätten uns mit dem Glück getränkt. Grey ist da hoffentlich etwas klüger. Ganz egoistisch haben wir vom anderen bekommen, was wir brauchten. Meine Hand fährt seine graue Schläfe entlang. Satt, aber nicht kopflos – so ließe sich mein Zustand beschreiben. Grey küsst mich. »Du kannst bleiben. Morgen früh holst du deine Sachen aus dem Hotel und wohnst den Rest deines Urlaubs bei mir.« Ja richtig, da war ja was. Die Realität schlägt zu, lässt mich aufstehen, mein Kleid überziehen. »Ich hole meine Sachen lieber jetzt gleich«, sage ich, während ich meinen Slip suche. Grey steht auf, sammelt seine Kleidung zusammen, reicht mir meinen Slip.

Seine Wohnung befindet sich im hinteren Teil der Bar. Es ist bereits geschlossen, draußen dämmert es. »Ich werde mich frisch machen, meine Sachen packen und bin in null Komma nichts wieder da«, lächle ich. Kurz freut er sich über das Wort »null Komma nichts«, schließlich sagt er: »Du kommst nicht wieder, das wissen wir beide.« Ein Kuss zum Abschied, seine Hand umfasst meinen Nacken, dann bin ich auf dem Weg. Zufrieden eile ich durch die Nacht, erreiche schließlich das Hotel. Mulmig ist mir bei dem Gedanken, Mark zu begegnen. Er wird wissen wollen, wo ich mich rumgetrieben habe. Fakt ist: Ich muss ihn irgendwie loswerden. Das weiß ich sicher und süscher sowieso.

Der Schlüssel dreht sich, meine Gedanken überschlagen sich. Dann die Überraschung: ein leerer Chaos-Raum. Marks Koffer sind verschwunden, so wie er. Kein Abschiedsbrief, nicht einmal ein Zettel. Was für ein Egoist, denke ich, lege mich aufs Bett, betrachte das französische Gekrakel an den Wänden. Irgendwie gefällt es mir inzwischen. Destruktiv, aber schön bunt. Das Bett ist wirklich gemütlich. Weich und besser als Elefantenhaut. Grey soll recht behalten, ich werde nicht zurückgehen. Dafür ist es gerade viel zu angenehm, hier allein zu liegen. Nur ich und ich.

Neigungs-elastisch

Frauke, (27), Verlagskauffrau, Hannover, über Andre (40), Lehrer,
Hannover, und Anne (26), Hotelfachfrau, Hannover

Dominanten Frauen wird oft mangelnde Reflexionsfähigkeit vorgeworfen. Mit dieser geht, so wird behauptet, fehlende Flexibilität einher. Das halte ich persönlich für ein Gerücht. »Was meinst du?«, frage ich André an der Bar. Eine Weile muss er mir schon zuhören. Er nickt unentwegt, lächelt, schlürft ein Bier. Auch ich trinke. Prosecco Nummer vier lockert die Zunge. André ist ein guter Freund. In der Trennungsphase war er da, hat zugehört und Tipps gehabt. »Keine Ahnung. Ich hatte noch nie was mit 'ner Domse.«

Meine Freundin Anne hat uns beide überredet, mitzukommen, hier auf diese Party. Sie selbst hat sich gerade neu verliebt, in einen dominanten Mann. Der erfüllt all ihre Wünsche, ganz ungefragt. So lange musste sie warten, bis endlich der Richtige kam. Nun ist er da und Anne im Glück. Ihr fehlt nichts, so sagt sie. Dennoch ist Anne heute allein hier. So wie André und ich. Ein Singleabend. Anne quatscht schon eine Weile mit Trampolin. Sein Spitzname, weil er es liebt, von Frauen mit den Füßen bestiegen zu werden. Ganz egal, ob mit oder ohne Schuhe. Trampolin mag es, wenn schöne Füße seinen Körper beanspruchen. Unter dieser Prämisse findet er Schmerzen anregend.

Trampolin ist schlank und groß, mit blauen Augen, die an ein Meer erinnern. Schade, dass er seinen Kontakt zur Damenwelt rein aufs »Trampling« reduziert. Regelmäßig besucht er Tramplingpartys, lässt sich besteigen.

Anne kommt an unseren Tisch, nippt an meinem Prosecco, lächelt. In ihren Augen kann ich sehen, wie glücklich sie ist. Verliebte sind so unkompliziert. André gibt ihr einen Klaps auf den Hintern, als sie wieder abschwirrt. »Ich schau mich noch ein bisschen um, ihr zwei seid mir zu ernst«, sagt sie. André fragt, ob auch wir eine Runde drehen wollen. Ich stimme zu, springe vom Barhocker. Die Landung ist weich, weil André mich fängt. Der Alkohol wirkt, hat mir das Gleichgewicht genommen. Hohe Schuhe und die geschnürte Taille tun ihr Übriges.

Weitläufig ist die Party, Anne längst in der Menge verschwunden. Der Spaziergang führt uns über die Tanzfläche, zum Spielbereich. Dort hängen Schilder: »Bitte Schweigen.« Vorhänge trennen kleine private Räume ab. Von der Größe her vergleichbar mit den Kabinen, die man in Sonnenstudios findet. Zuschauer sind nur erwünscht, wenn die Kabinen keine Schilder haben. Fast alle haben welche. Schade, wir hätten gern einen Blick dahinter geworfen. Eine Kabine ist frei. André gibt mir einen Schubs und ich stehe mittendrin. Wir kichern wie Teenager, die einen Streich aushecken. André legt sich auf die Pritsche in der Mitte der Kabine. Ein Krankenbett aus Leder. Am Rand steht Desinfektionsmittel, auch wie im Sonnenstudio. Ich greife danach, sprühe mir etwas in die Hände, reibe fachmännisch und sage: »So, wen haben wir denn hier? Machen Sie sich schon mal frei. Die UV-Bestrahlung wird in Kürze aktiviert.« André grinst, spielt aber mit und zieht sein Hemd aus. Natürlich machen wir nur Spaß. Zwischen uns ist nichts, nur Freundschaft.

Sein Piercing in der Brustwarze ist mir bisher nie aufgefallen. Ich berühre es. André benetzt seine Finger mit Speichel, fährt selbst darüber. »So sieht es besser aus.« Er hat recht. Stehende Nippel machen den Stecker noch interessanter. Verdammt schöne Oberarme hat der André. Meine Hände gleiten über seine verblassten Tattoos. »Musst du mal nachstechen lassen«, finde ich. »Ja, ich weiß«, sagt er beiläufig. Wir schauen einander an. Zwischen uns ist etwas, das unsere Idee einer Freundschaft aufs Spiel setzt. Aber ich will ihn. Will ihn auf eine Weise, die seiner Rolle nicht entspricht. André ist dominant. Nicht im herkömmlichen Sinn. Er ist leidenschaftlich und fantasievoll, mit viel Seele. Das weiß ich aus seinen Erzählungen und der Art, wie er über Frauen spricht. Da ist niemals diese Überheblichkeit, die anderen dominanten Männern innewohnt. Er ist reflektiert und weiß, dass er keinen Menschen vollends besitzen kann. Das mag ich an André. Er ist offen. So offen, dass ich mich von meinem Bauch überreden lasse, etwas zu tun. Eine Hand greift sein Kinn, mit zwei Fingern der anderen Hand zwinge ich seine Lippen auseinander. Da ist keine Abwehr zu spüren. Das, was passiert, passiert aus Gründen, die wir zwar nicht verstehen, die jedoch dem Instinkt für das Richtige folgen.

Ich spucke in seinen Mund, treffe nicht richtig. André leckt meinen Speichel von seinen Lippen. »Was tust du?«, fragt er. Ich weiß, diese Frage gilt nicht ausschließlich mir. Seine Brustwarze zwischen meinen Fingerspitzen lässt ihn aufschreien, reagieren. Seine Reaktion ist heftig, aber wunderbar. Er stöhnt, greift sich in den Schritt. Eine ganze Weile lässt er sich quälen, genießt es sichtlich. Doch plötzlich macht er einen Satz. Ich bekomme eine Ohrfeige, die ich tatsächlich genieße. Das Blatt wendet sich. Daraufhin schlage ich zurück. Wir kämpfen, knutschen, prügeln, lachen dabei, werden ernst – immer im Wechsel. Was hier passiert, ist fern ab jeder Schublade. André drückt mich auf die Liege. Versohlt mir den Hintern. Nebenan, in den Kabinen – ein leises Stöhnen. Auch das Geräusch einer Hand, die auf weiches Fleisch trifft – Klatschen. Doch wir zwei übertönen sämtliche Kabinen. Ich schreie, als er mich zu ficken beginnt, greife sein Haar, ziehe daran, kratze seinen Nacken blutig. Wir kämpfen. Auch André hält sich nicht zurück, schreit lachend auf, stöhnt. Danach ist Stille. Eine Weile massiert André noch meine Füße, lächelt verlegen dabei.

Vereint entfernen wir unsere Spuren vom Tatort, desinfizieren, wie es sich gehört, die Liege. Unsere Stimmung ist nicht getrübt. »Erzähl das bloß nicht Anne«, sage ich grinsend. »Die fällt vom Glauben ab.« André will antworten, wird unterbrochen. Nebenan in der Kabine ruft jemand: »Sie weiß es längst!« Instinktiv ziehe ich den Vorhang zur Seite, obwohl das Schild außen dagegen ist. Was ich sehe, ist verstörend. Anne sitzt auf einem Stuhl, ihre Füße im Schritt von Trampolin. Anne, die noch vor kurzem prophezeit hat, sie sei ausschließlich devot und gehöre nur ihrem Herrn, hält zwischen ihren Füßen den Penis eines devoten und dazu halbwegs fremden Mann. In der Hand eine Gerte. Kein Wort, nur fassungsloses Starren. Fröhlich fährt sie fort, verteilt kleine Schläge auf dem

Oberkörper ihres Opfers. Da sind wir also: meine devote Freundin, in dominant-bizarrer Pose. Gleich daneben, der sadistische André, mit blutigen Nippeln. Ich, die angeblich Dominante. Frisur und Make-up zerstört, die Wangen errötet, die Korsage verrutscht, das Weltbild sowieso. Verdrehte Welt in vielerlei Hinsicht – ein gutes Gefühl. Nur Trampolin ist wenig elastisch in seiner Neigung und freut sich über Zuschauer.

Smartphone

Dörte (34), Projektleiterin einer Eventagentur, Berlin,
über Karl (40), Kulturwissenschaftler, Nürnberg

Er ist ein Geheimnis, ein dunkles noch dazu. Die Art, wie er geht, lacht, schaut, spricht. Die Art, wie er mir die Hand reicht, sie umschließt und nicht mehr loslassen will. Vielleicht muss er das nicht. Vielleicht kann meine Hand auf ewig in seiner ruhen. Eingebettet und umschlossen.

Er ist kein schöner Mann. Das muss ich gestehen. Doch sein Geheimnis macht ihn unwiderstehlich. »Rote Spitze«, schreibt er per SMS. »Ich möchte rote Spitze an dir sehen.« Woher soll ich die so schnell bekommen? Ich will ihn nicht enttäuschen. Also fahre ich los, hetze mich ab. In nur einer Stunde will er kommen. Vorher muss ich es schaffen. Bis zur Innenstadt brauche ich zehn Minuten, dann schnell ins Kaufhaus, nach roter Spitze suchen. Mindestens 15 Minuten. Anprobieren fällt aus. Es geht zurück. Um halb sechs öffne ich in roter Wäsche die Tür, bin um ein Vermögen ärmer, aber sexy. Für ihn. Mein Verstand setzt aus, als ich seine Hand an meinem Hals spüre. Ich gebe mich hin.

Am nächsten Tag ist mein Kopf ganz leer. Gedanken im Nebel. Er hat mich mit sich genommen, hat mir nichts als Sehnsucht hinterlassen. Am Abend wird er wiederkommen. Bis dahin muss ich halterlose Nylons besorgen. Sein ausdrücklicher Wunsch. Es ist schon merkwürdig: Obwohl ich weiß, wie viel besser es die Natur mit mir gemeint hat, habe ich Angst, ihm nicht zu gefallen. Er ist klein, untersetzt, um die Augen hat er tiefe Ringe. Seine 36 Jahre haben Spuren hinterlassen. Spuren, die nicht jeder schon in diesem Alter trägt. Vielleicht hat er mal gut ausgesehen. Früher. Heute ist er verbraucht. Veranlagung, er kann nichts dafür. Niemals macht er Komplimente. Zu keiner Zeit konnte ich in seinen Augen Bewunderung erkennen. Etwas wie Stolz. Wahrscheinlich hat er immer schöne Frauen gehabt. Womöglich schönere als mich. Echte Damen, die sein Geheimnis genauso schätzten, wie ich es tue. Geheimnisse sind sexy. Man will sie ergründen und will es doch nicht. Denn selbige zu lüften, brächte die Wahrheit hervor. Eine Wahrheit, vielleicht zu banal, als dass man sie dauerhaft ertrüge.

In der Bahn träume ich vor mich hin, träume mir den gestrigen Abend zurück. Dass ich meine Station verpasst habe, bemerke ich erst später. Ich lächle entrückt in die Scheibe des U-Bahn-Fensters, bevor ich aussteige. Ein seltsames Gefühl begleitet mich auf dem Weg ins Kaufhaus. Die halterlosen Strümpfe werde ich erst zu Hause anprobieren. Das Gefühl bleibt. Irgendetwas fehlt. Erst an der Kasse weiß ich: meine Tasche. Sie liegt noch immer in der Bahn. Vergessen, einfach vergessen. Wo habe ich bloß meinen Kopf gelassen? Inzwischen hat sicher jemand die Tasche leer geräumt. Mit ein bisschen Glück bekomme ich allenfalls meinen Personalausweis zurück. Wenn überhaupt. Mein Handy, meine Geldbörse, mein Perso – alles weg. Es war nicht viel Geld in der Tasche, aber auf die Strümpfe muss ich nun verzichten.

Als er mich später mit der Gerte für meine Unachtsamkeit bestraft, weiß ich wieder, wo mein Kopf ist. Hinterher liege ich in seinen Armen, wünsche mir, er möge sagen, wie schön mich der Schmerz macht. Dinge eben, die andere vor ihm schon gesagt haben. Dinge, von denen ich weiß, dass sie mir gut tun, nach einer Strafe. Doch er schaut mich nur an, schweigt. Zum Abschied verspricht er mir ein Handy. Er habe noch ein altes zu Hause, das funktioniert. Zum ersten Mal denkt er an mich.

Zwei Tage später sehen wir uns wieder. Das Handy hat er dabei, legt es auf den Tisch im Wohnzimmer. »Kann sein, dass noch alte Nummern drin sind. Kannst sie löschen. Hab das Handy zwei Jahre nicht benutzt.«

Wieder umgibt ihn etwas Geheimnisvolles. Weshalb, kann ich nicht erklären. Vielleicht weil ich es so will. Ein Kompliment für die inzwischen gekauften Nylons bekomme ich wieder nicht. Etwas in mir ist gekränkt. Ich sehe toll aus, heiß. Er sollte ausflippen, den Kopf verlieren, mich mit Liebesschwüren überhäufen. Doch er schweigt, schaut grimmig drein, zwingt mich über Stunden, auf kalten Fliesen zu kriechen. Allein das Handy lässt mich wissen, dass ich ihm nicht egal bin.

Ein neuer Tag. Wir werden uns einige Tage nicht sehen. Vielleicht ist das ganz gut so. Ich muss mich ordnen. Auf der Arbeit haben sie mich schon gefragt, ob was sei. »Ich bin verloren, gehöre mir nicht mehr«, war ich versucht zu sagen. Stattdessen sagte ich: »Migräne, ihr wisst schon.« Nichts wissen sie.

Nun ist er weg und wird erst nächste Woche wieder da sein. Gut so, auch wenn er mir fehlt.

Torben, aus der Kreation, will mit mir ausgehen. Ständig macht er mir Komplimente. Ich finde ihn hübsch, aber langweilig. Ich weiß, dass meine Augen leuchten. Das hat er getan. Er, der Mann dem Torben nie das Wasser reichen wird. Und wenn er noch so viel Erfahrung mit Frauen hat. Aus Höflichkeit speichere ich seine Nummer, gebe ihm auch meine. Wir sind Kollegen, da sollte man Körbe so diplomatisch wie möglich verteilen. Mein neues Handy weckt Erinnerungen. Glückselig lächle ich vor mich hin. Torben denkt, er sei gemeint. »Ich simse dich nachher an«, sagt er.

Das tut er dann auch. Ich liege bereits im Bett, als mein Handy brummt. »Noch wach?« Ich antworte.

»Fast«, schreibe ich und will meinen Namen darunter setzen. Förmlich halt. Förmlich, wie man es unter Kollegen handhabt. »Dörte« will ich schreiben. Die automatische Worterkennung des neuen Handys spielt mir einen Streich, auf den mich Torben erst am nächsten Tag hinweisen wird. Jetzt bemerke ich meinen Fehler nicht, falle in einen tiefen Schlaf, träume von meinem wunderbaren Peiniger.

Den ganzen Tag habe ich Torben nicht gesehen. Gegen Nachmittag klopft er an die Tür meines Büros. »Hey. Sag mal. Ich weiß nicht so richtig, ob ich deine SMS verstehe. Hast du mich aus Spaß so genannt?« Was meint er nur? »Wie genannt?« Mein Handy liegt neben dem Rechner, ich greife danach, gehe in die gesendeten Nachrichten. Da sind viele, verdammt viele sogar. Ganz oben steht die letzte SMS von gestern Nacht. Ich rufe sie auf, lese und erstarre. Mein Kopf wird heiß. Hilflos blicke ich auf das Wort: »Fotze«.

»Oh … ähm … das muss die Worterkennung gemacht haben«, stammle ich. Dörte und Fotze stehen in den Vorschlägen seines Handys also Seite an Seite. Interessant. »Diese modernen Handys. Ein Smartphone. Sehr smart war das ja nicht«, versuche ich mich rauszureden. »Mit meinem alten Nokia wäre das nicht passiert. Fotze hätte die 36893, Dörte die 36783«, sage ich fachmännisch, bloß um den Moment zu überspielen. Die Peinlichkeit einfach weg-zuquatschen. Torben grinst, sagt: »Schon okay. Mein Handy kennt, soweit ich weiß, das besagte Wort gar nicht.« Er hat recht. Mein Kopf springt an wie der Motor eines Neuwagens. Er hat recht. Womöglich hat mein Liebster dieses Wort eingespeichert. Was waren das über-haupt für ungelöschte Nachrichten im Ausgang? Sollte er tatsächlich vergessen haben, das Handy clean zu machen? Er, der Denker, dem nie ein Fehler unterläuft. Er, der sein Geheimnis hütet wie einen Schatz. Ausgerechnet?

Als Torben das Büro verlässt, zittern meine Hände. Das Handy liegt auf dem Tisch, schreit danach, erobert zu werden, ausgefragt. Es kennt sein Geheimnis oder mindestens einen Teil davon. Soll ich es wagen? Lange überlege ich nicht, greife danach. Ich habe keine Schuld daran, dass er so fahrlässig war. Es ist jetzt mein Handy, also ist es mein Recht, zu sehen, was sich darauf befindet.

Tatsächlich sind alle Nachrichten an nur einen Absender gerich-tet. Eine Nummer, die ich nicht kenne. Im ersten Moment gefällt mir, was ich lese. »Meine Sklavin, erwarte mich auf Knien und in deinen neuen Nylons an der Haustür.« Irgendwie kommt mir das bekannt vor. Sicher ist es purer Zufall. Ich lese die nächste. Nicht groß anders. Irgendwann wird es ordinär. Sehr ordinär. So versaut hat er mit mir niemals gesprochen. Kein Wunder, dass sein Handy meinem Namen dieses Wort vorgezogen hat, bei solch inflationärer Verwendung. Es scheint fast ausgerichtet zu sein auf pornografischen Sprachge-brauch. Ich lese, lese, lösche, lösche. Weg damit. Raus damit. Das ist widerlich, ohne Fantasie und ganz und gar nicht geheimnisvoll. Was war das bloß für eine Frau, die sich mit derart plumper Behandlung zufriedengegeben hat? Ein neuer Gedanke: Was ist wohl sonst noch auf dem Telefon? Fotos vielleicht? Ich stöbere weiter. Bilder von Landschaften, Menschen auf Partys, gespreizte Schenkel. Meine Güte … Was ich sehe, ist weder ästhetisch noch sexy. Ein dickes Mädchen, Mitte zwanzig, sitzt auf einem Schreibtischstuhl. Die Knie angewinkelt, lässt sie tief blicken. Zu tief für meinen Geschmack. Zu tief für alle Menschen mit Geschmack. Löschen, löschen, löschen. Am liebsten würde ich das Handy desinfizieren.

Nach einer Woche steht er vor der Tür. In Jeans und Sweatshirt öffne ich. Keine Nylons, keine Spitze. Wortlos reiche ich ihm das Telefon. »Was ist los? Geht das Handy nicht?«, will er wissen. »Doch, aber ich brauche es nicht mehr. Habe mir ein eigenes besorgt.« Dumm ist er nicht. Natürlich weiß er, dass er nicht bleiben kann. »Was ist das Problem?«, fragt er. Da ist kein Geheimnis mehr, denke ich. »Du bist einfach nicht mein Typ«, sage ich.

Alles Schlampen, außer Mutti

Christian (42), Anwalt für Medienrecht, Berlin,
über Andreas (38), Vertriebler, Berlin und eine
namenlose Blonde (ca. 25), Studentin, Berlin

Pink. Die Farbe Pink ist das Erste, was ich erkenne. Einige Minuten vergehen, ich blicke in ein pinkes Nichts, grübele, was es sein könnte, bis es schärfer wird. Langsam und allmählich stellt mein Gehirn meinen Körper auf Go. Erst die Optik, dann die Erinnerung – ach ja: die neue Bettwäsche. Anfang des Monats kam sie mit der Post. Eine Karte lag auch mit im Paket: »Einen schönen Nikolaus wünscht Mama.« Pinke Bettwäsche mit seltsamen Figuren darauf. Silhouetten mit langen Hälsen und noch längeren Beinen. Giraffenmenschen. Dazwischen Herzen und Sterne.

Was für ein Tag ist heute? Ich richte mich auf, bereue es im selben Moment. Mein Kopf dreht eine Pirouette, dann hämmert jemand von innen gegen meinen Schädel – überall. Aspirin, wo bekomme ich jetzt 'ne Aspirin her? Der Schmerz scheint meinen gesamten Körper einzunehmen, macht ihn bleiern. Mein Rücken kribbelt, als ich vorrücke zur Bettkante. Was für ein Tag ist heute? Was für ein Tag war gestern? Wer ruft immer im falschen Moment an? Natürlich, meine Mutter. Das Klingeln des Telefons frisst sich durch mein Ohr in den Kopf, vor Schmerz schreie ich auf, während ich das Handy in meiner Jackentasche suche. »Verdammte Scheiße!« Als ich es endlich in der Hand habe, sehe ich gerade noch, dass es nicht, wie erwartet, meine Mutter war, sondern mein Kumpel Andreas. Zu spät, er hat schon aufgelegt. Vielleicht besser so. Aspirin. Aber erst mal pissen. Jetzt im Stehen bemerke ich, wie voll meine Blase ist. Während ich mir Erleichterung verschaffe, jagen mir Erinnerungsfetzen durch den Kopf. Undeutliche Sequenzen, die theoretisch auch von einem anderen Abend stammen könnten, sich jetzt vermischen mit den vergangenen Tagen.

Das Letzte, woran ich mich klar erinnere, ist der Tag, an dem Andreas plötzlich vor der Tür stand. Wie er, mit einer Flasche Whiskey bewaffnet, zwei Päckchen Koks aus dem Ärmel schüttelte. »Alta, heute wird mal so richtig auf alles geschissen!«, hatte er gesagt. »Nur die Nutten fehlen noch, sonst ist alles am Start.« Wie immer nahm ich mir vor, bloß eine kleine Line zu ziehen. Dennoch erfasste mich die Gier. Mit dem Kokain verschwand auch das schlechte Gewissen. Mein Ego schwebte unter der Decke, eine einzige chemische Blase. Unter mir winzig klein die Pulverreste auf dem Küchentisch. Die Flasche Whiskey, die mir ohne die Droge den Kopf weggeschossen hätte, war kaum spürbar. Drogen gegen Drogen. Das war ein Gesetz, dem man an solch einem Tag folgen musste, um nicht abzustürzen. Zu viel Alkohol? Dann zieh dir 'ne Line Koks, die hält dich oben. Zu viel Koks? Dann wirf 'ne Ecstasy, die entspannt. Zu heftig auf Pille? Dann gib dir Speed, das macht fit.

Doch die Gesetze des Partyvolks galten auch umgekehrt. Wenn man sich nicht auskannte, oder in seinem breiten Kopf vergaß, was man geschmiooen hatte, konnte das böse enden. LSD-Trips zum Beispiel waren mit Speed in den Griff zu kriegen, nicht aber mit Kiffen. Eine im Vergleich harmlose Droge wie Gras war in der Lage, dich in Kombination derart aus der Bahn zu kicken, dass es kein Zurück in die Spur mehr gab. Womöglich hatte ich eine der Regeln nicht befolgt, wahrscheinlicher aber war, dass ich einfach inzwischen zu alt war für den Scheiß.

Das Telefon erinnert mich an meinen Kopf, der sich kurzzeitig besser angefühlt hatte. Wieder krame ich in meiner Jackentasche. Verdammte Drecksjacke. Endlich bekomme ich das Handy zu fassen, gehe ran, zünde mir zeitgleich eine Zigarette an. »Alta, ich glaub das letzte Bier war schlecht«, melde ich mich. »Christian? Bist du es? Was war schlecht?« Meine Mutter. Nicht Andreas, sondern meine Mutter, verdammt. »Mama, ich …«

»Tante Elke hat heute schon nach dir gefragt. Hat dir eigentlich die Bettwäsche gefallen?« unterbricht sie mich. »Die fand ich zu niedlich.«

»Mama, ich rufe später zurück«, falle ich ihr nun ins Wort, lege auf. Doch sie lässt sich nicht abwimmeln. Wieder klingelt das Telefon. Mütter haben einfach keinen Stolz. Mein Schädel fühlt sich an, als hätte sich eine Flüssigkeit in der Stirnhöhle verirrt, die bei jeder Bewegung von einer Schläfe zu anderen geschwenkt wird, wie überflüssiges Wasser in einem alten Kahn im Wind. »Verdammt Mama, ich hab gesagt, ich ruf später an!«

»Alta, wie breit bist du denn noch? Hast du wenigstens 'ne Ahnung, wo du bist?«, tönt es aus dem Hörer. Andreas' Stimme macht mich noch müder. » Ach, du bist es. Klar weiß ich das. Zu Hause!«

»Ich aber nicht.«

»Was?«

»Na ja, irgendwie bin ich hier in so 'nem Hotelzimmer. Die Blondine von gestern wollte in ein Hotel, das weiß ich noch. Aber frag mich nicht, wie ich hier gelandet bin. Ob die Braut mit war, weiß ich auch nicht. Nicht einmal an ihre Titten erinnere ich mich. Dabei waren ihre Hupen das Beste an ihr … was für 'ne Verschwen …«

»Ey stopp mal kurz. Ich weiß nix von 'ner Blondine. Ich weiß ja nicht einmal, was gestern überhaupt passiert ist«, gebe ich heiser zurück. »Verdammt, wenn ich aus dem Fenster schaue, dann erkenne ich da gar nichts. Vielleicht bin ich ja gar nicht mehr in Berlin«, ignoriert Andreas meine Antwort.

Mit der freien Hand reibe ich mir die Augen, reibe, bis es brennt. Erst jetzt sehe ich den Dreck unter meinen Nägeln. Dunkelbraun. »Pass auf Mann, ich geh erst mal duschen und dann melde ich mich, okay. Ruf doch bei der Rezeption an oder such mal den Raum ab. Da liegen doch bestimmt Broschüren mit der Adresse oder so.« Kurz vorm Auflegen hält mich Andreas davon ab: »Verdammte Scheiße! Ich hab keine Kohle am Start. Meine Taschen sind komplett leer. Ich wette, das war die blonde Schlampe. Weißt du denn nicht mehr? Du hast doch über ihren Schal gelacht. Diesen Zecken-Schal. Ihr hattet doch diese Diskussion von wegen liberal und so … die Freigeistschlampe hat mich ausgeraubt.«

Für den Bruchteil einer Sekunde taucht ein Bild vor meinem geistigen Auge auf, aber da ist es auch schon wieder weg. »Pass auf, ich muss jetzt echt mal duschen. Entspann dich, wir finden schon 'ne Lösung.« Aus der Leitung vernehme ich Andreas' Stimme, aber ich höre nicht hin, lege einfach auf. Etwas zieht meine Aufmerksamkeit in seinen Bann. Es ist meine Wand im Flur, neben der Garderobe. Da ist Blut! Ein riesiger Fleck. Lange Linien ziehen sich wie eine Landkarte von der Mitte bis zum Laminatboden. Dort findet sich eine weitere kleine Blutlache. Panisch beginne ich, meinen Körper zu checken. Viel habe ich nicht an. Nur ein T-Shirt. Unten baumelt mein Schwanz heraus. Im Badezimmer ist das Licht besser, deshalb eile ich dorthin.

Eine Horrorfratze blickt mich aus dem Spiegel an. Lilafarbene Ringe unter den Augen, mit kleinen grünlichen Verästelungen zur Nase hin. Viel schlimmer aber sind die Krusten um meinen Mund herum. Getrocknetes Blut. Mundhöhlencheck. Keine Verletzung zu sehen. Wie kann das sein? Unterm Wasserhahn spüle ich mein Gesicht. Das Wasser ist eisig, aber das ist gerade nicht wichtig. Ich bin ein Vampir. Das ist wichtig. Wie sonst kommt das Blut an meinen Mund? Verdammtes Koks. Dass mein Ego krumme Dinger dreht, wenn ich was ziehe, habe ich ja gewusst, aber dass ich mir einrede, ein Blutsauger zu sein, ist neu. Eine imaginäre Hand krallt sich um mein Herz, drückt zu, hält es fest umschlossen. Ich bekomme keine Luft mehr. Was ist passiert? Obwohl ich weiß, dass Andreas mir keinerlei Antwort geben kann, rufe ich ihn an. »Na, das ging ja schnell. Dann kannste ja mal eben …«, meldet er sich. »Halts Maul, ich hab grad ein echtes Problem, okay?!«

Gelächter: »Du hast ein Problem? Alta, sitzt du ohne Kohle in 'nem Luxuszimmer in 'ner anderen Stadt? Ich bin in Potsdam gelandet!« Ich höre, was er sagt, verstehe es auch. Dennoch bleibe ich unempfänglich. Zu sehr nimmt mich meine eigene Situation gefangen. Wieder im Schlafzimmer will ich aufs Bett fallen. Doch kurz davor fährt mir der Schreck in die Glieder. Aus der pinken Bettwäsche meiner Mutter ragen Füße. Mein Herz überschlägt sich. »Hallo? Bist du noch da?«, tönt es aus meinem Handy am Boden. Vorsichtig schlage ich die Bettdecke einige Zentimeter nach oben. Zwei Waden sind nun zu sehen. Waden mit Blut. Keine offene Stelle sichtbar. Das Blut muss am Körper hinabgeflossen sein. Nun wage ich mich an den Kopf. Ich will wissen, was hier los ist. Zum Vorschein kommt ein blonder Haarschopf. Ihre Augen sind verbunden. Sie scheint nicht mehr zu atmen. Doch ich traue mich auch nicht, ihren Puls zu fühlen. Ich reiße das Handy an mich. Andreas ist noch dran. Mit zittriger Stimme erzähle ich von der Leiche in meinem Bett. Schweigen am anderen Ende der Leitung. »Okay«, sagt er dann. »Dein Problem ist wirklich größer als meins. Alta, du musst jetzt ihren Puls fühlen.«

»Auf keinen Fall«, halte ich dagegen. »Ich will keine Fingerabdrücke hinterlassen.«

»Hallo? Die Frau liegt in deiner Wohnung, du bist neben ihr aufgewacht und ihr Blut klebt an deinen Lippen. Ihr Körper ist übersät mit Hinweisen von dir. Oder willst du sie etwa in der Wanne zerstückeln und verschwinden lassen?« Ich hab gar keine Wanne, denke ich. »Spinnst du?«, sage ich. »Das ist nicht witzig. Ich hab vielleicht 'ne Frau gekillt.«

»Jetzt mach schon. Prüf ihren Puls und schau, ob sie noch atmet.« Ich lege das Handy zur Seite. Langsam nähere ich mich der Blondine. Mein Gesicht ist jetzt ganz nah an ihrem. Behutsam schiebe ich den Schal nach oben. Gerade will ich zwei Finger auf ihre Halsschlagader legen, da öffnen sich ihre Augen, wie die einer Puppe. Klack. Ich schreie auf, springe vom Bett. Aus meinem Handy kreischt die Stimme von Andreas, aber ich verstehe nicht, was er sagt. »Was ist denn los?« Die Leiche spricht. Das kann nur eines bedeuten: Sie ist gar nicht tot. Obwohl ich diese Frau noch nie in meinem Leben gesehen habe, reiße ich sie an mich, umarme sie. Der Schal hängt in ihren Haaren, ich nehme ihn an mich. Sie lächelt, erzählt mir, dass die Nacht mit mir wunderschön war. »Ich mach mich kurz ein wenig frisch, dann können wir genau da weitermachen, wo wir gestern aufgehört haben.«

Samt Decke um den Körper verschwindet sie im Bad. Andreas, der noch immer in der Leitung ist, brüllt in den Hörer. »Nicht fair! Jetzt darfst du die Leiche vögeln, während ich hier festhänge!« Nun klingelt auch noch mein Festnetz. Meine Mutter quatscht munter meinen AB voll. »Schatz, bist du da? Ich bins, Mama. Noch was zur Wäsche. Bitte nicht über vierzig Grad waschen. Die schönen Farben verblassen doch so schnell.« Mein Kopf macht das nicht mehr lange mit. In der Leitung plappert Andreas vor sich hin.

Als die Blondine zurückkommt, hat sie nasses Haar. Etwas kleinlaut verkündet sie: »Wir müssen das mit dem Sex verschieben.« Das Blut, sie muss das Blut entdeckt haben, denke ich. Jetzt hat sie sicher Angst vor mir, wird die Polizei rufen. Schuldbewusst blicke ich sie an. »Ich habe meine Tage bekommen.« In mir dreht sich alles. Schallendes Gelächter aus meinem Handy. Das hat auch Blondi mitbekommen, verstört schaut sie mich an, zeigt auf das Telefon.« Ist das etwa dieser gestörte Typ von gestern? Der, der mit mir in ein Hotel wollte?« Ich nicke stumm, sie fährt fort. »Was soll denn die Nummer? Sollte dein perverser Kumpel etwa zuhören, oder was? Macht euch das geil? Ihr habt sie doch nicht mehr alle.«

Sie lässt das Handtuch fallen, stapft nackt durch den Raum, um ihre Kleidung einzusammeln. Am Ende reiche ich ihr den Schal. »Vergiss deinen Zecken-Schal nicht«, sage ich. »Haha«, macht sie. »Übrigens, schöne Bettwäsche!« Gut gekontert, denke ich. Als sie aus der Tür ist, nehme ich wieder den Hörer zum Ohr, sage: »Weißt du, so toll waren ihre Titten nun auch nicht.«

24. ERLEBNIS

Kaffeezeit und Nadelspielchen

Elke (74), Rentnerin, Bremen,
über Lisa (ca. 86), Rentnerin, Bremen

Besonders gesellig war Lisa nie. Auf unseren Kaffeepartys saß sie zumeist nur rum, schaute abwechselnd in die Gesichter ihrer Gegenüber, hielt sich mit einer Hand an ihrer Kaffeetasse fest. Mit der anderen Hand teilte sie winzige Kuchenstücke mit der Gabel ab, balancierte sie in einer umständlichen Bewegung Richtung Mund. Alle wussten, wie unwohl sie sich fühlte. Lisa hatte viel gesehen. So viel, dass sie Kaffeepartys nichts abgewinnen konnte.

Während des Krieges hatte sie als Krankenschwester gearbeitet. Ein blutjunges Mädchen, deren Arbeit darin bestand Gliedmaßen zu amputieren und, wie sie mir erzählt hatte, Abtreibungen zu managen. Ungewollte Schwangerschaften, größtenteils durch Vergewaltigungen, gab es nicht wenige damals. Dies erzählte sie, als redete sie über ein normales Business. Ein Tagesgeschäft, das nun mal jemand erledigen musste. »Die Dinge, die wir aus den Leibern der Frauen holten, kamen dann in den Ofen«, sagte sie und lobte nebenbei meinen Erdbeerkuchen. Ich selbst hatte den Krieg nur schemenhaft in Erinnerung. Damals war ich noch ein Kind. Lisa war einige Jahre älter als ich. Obgleich wir beide diese Zeiten erlebt hatten, waren unsere Erfahrungen grundverschieden.

So war es nicht weiter verwunderlich, dass Lisa nach all dem, was sich in ihrer Vergangenheit ereignet hatte, ein banales Kaffeetrinken nicht als etwas Normales behandeln konnte. Als etwas, das sie genießen durfte. Stets war sie anwesend, nie jedoch wirklich dabei. Immer schien sie in Gedanken irgendwo anders zu sein.

Weniger verständnisvolle Damen waren der Meinung, dass Lisa ruhig abschließen konnte. Der Krieg war schließlich viele Jahre vorbei und sie hätte etwas machen können aus ihrem Leben, die schlimmen Zeiten aufarbeiten. Ich dagegen fand, dass sie dies durchaus getan hatte. Im Rahmen ihrer Möglichkeiten. Keiner von uns konnte sich im Entferntesten vorstellen, durch welche Hölle sie gegangen war. Drei Söhne hatte sie zur Welt gebracht. Zugegeben, niemand wusste, wo der Vater abgeblieben war, aber Lisa hatte zumindest Söhne. Prachtvolle Jungs, selbstbewusst und kerngesund.

Ich selbst hatte damals unsere zweite Tochter geboren. Dabei wünschte sich mein Heinrich sehnlichst einen Sohn. Es ging sogar so weit, dass er mir den Beischlaf verweigerte, nur um zu verhindern, dass noch eine Tochter dabei herauskäme. Dabei hatten wir uns einmal eine große Familie erträumt.

Die Kaffeepartys verliefen meist recht diskret. Es wurden Rezepte getauscht, über diesen und jenen Neuling unseres Dorfes geplaudert und die neuesten Gerüchte verbreitet. Privates schnitt jeder bloß an. Kaum eine der Damen hätte von ihren wirklichen Sorgen berichtet oder Dinge verlauten lassen, die das eheliche Schlafzimmer betrafen. Stets blieb es ein höfliches Pläuschchen an der Oberfläche.

Diesen einen Nachmittag jedoch sollte keine von uns je vergessen. Lisa balancierte mal wieder unsichere Kuchenbröckchen zu ihrem Mund, während die anderen Damen munter plauderten. Da stellte Hannelore, meine neue Nachbarin, einen Flasche Likör auf den Tisch. »Was Besonderes. Man gönnt sich ja sonst nichts.« Im ersten Moment warf man sich pikierte Blicke zu. Nachmittags schon Alkohol, das schickte sich doch nicht. Da ich die liebe Hannelore aber nicht vor den Kopf stoßen wollte, holte ich die kleinen Gläschen aus meinem Schrank, für den besonderen Schluck. Zunächst stießen nur Hannelore und ich miteinander an, tranken auf die schöne neue Zeit und auf die Freundschaft. Dies war für die anderen Damen das Stichwort. Als Spielverderber wollte keine dastehen. Nach und nach hoben sich ihre Hände. »Na ja, einer ist keiner.« Und wenn es wirklich so etwas Besonderes war, dann konnte man ja ruhig mal eine Ausnahme machen. Sogar Lisa ließ sich nicht lumpen.

Was schmeckte uns das Likörchen gut von der Hannelore. Die Laune hob sich binnen Minuten und die Flasche war schneller leer, als wir zum zweiten Mal »zum Wohl« sagen konnten. Ob ich denn nicht auch irgendwo 'ne schöne Flasche Schluck hätte, traute sich eine der Damen zu fragen. Die pikierten Blicke hatten sich in zustimmendes Nicken gewandelt. Ruck, zuck stand eine weitere Flasche auf dem Tisch. Dieses Mal ein Schnaps. Es wurde geschnattert und gekichert. Wir erfuhren sämtliche Geheimnisse der Damen, die uns ohnehin schon von einer anderen geflüstert worden waren. Natürlich taten wir sehr interessiert und überrascht. Mich persönlich freute es sehr, dass mal offen gesprochen wurde. Es floss klar in die Gläser und noch klarer aus den Mündern. Eine lockere Runde, wie ich sie mir schon lange gewünscht hatte.

Irgendwann wurde auch ich näher unter die Lupe genommen. Wie es denn um die Kinderplanung bestellt sei, wollten sie wissen, und ob Heinrich und ich die Hoffnung auf einen Jungen aufgegeben hätten. Jetzt wurde es ernst. Denn die Damen hatten meinen wunden Punkt getroffen. Tränen flossen, während ich von meinem Sexleben berichtete, das zum Erliegen gekommen war. Stille erfüllte den Raum. Damit hatte keiner gerechnet, am wenigsten ich selbst. Hannelore und Eveline legten mir ihre Hände auf die Schulter, doch von der Tristesse in den eigenen heimischen Schlafzimmern wagte niemand sonst zu erzählen. Nur mein Schluchzen erfüllte den Raum. Zumindest eine Weile, denn mit einem Mal ergriff Lisa das Wort. »Da gibt es einen einfachen Trick«, sagte sie, während sie die Flüssigkeit in ihrem kleinen Glas schwenkte, als wäre diese ein guter Wein.

Alle Augen hafteten auf Lisa. Die stumme Lisa. Nie sprach sie mehr als nötig. Deshalb schloss man darauf, dass ihre Worte gewichtig sein mussten. »Alles eine Frage der Hormone.« Weiterhin wurde aufmerksam geschwiegen. Man hätte eine Maus husten hören können, so still war es im Raum. Kaum eine wagte zu atmen. Lisa fuhr fort. »Wenn ein Mann mit seiner Ehefrau schläft, dann sind da bei Weitem nicht so viele Hormone im Spiel, als wenn er mit einem fremden Weib schläft.« Ein Raunen ging durch die Reihen. Doch obgleich die Damen empört waren, keine wollte auch nur eines der folgenden Worte verpassen. Und so blieben sie stumm, forderten Lisa mit neugierigen Blicken auf, fortzufahren. »Dieses Wissen muss man sich zunutze machen, meine Damen, anstatt daran zu verzweifeln. Natürlich schmerzt es, dass man selbst nicht mehr in der Lage ist, den geliebten Gatten aus den Latschen zu hauen.«

Eveline, deren Hand noch immer auf meiner Schulter lag, hatte selbige zu einer Faust geballt und rief:« Nun komm doch bitte zum Punkt, Lisa. Was hat es auf sich, mit diesem Trick?« Anscheinend war ich nicht die Einzige, die mit ihrem Partner Schwierigkeiten hatte. Lisa leerte ihr Schnapsglas, warf einen verheißungsvollen Blick in die Runde und fuhr fort: »Wenn du wirklich einen Jungen willst, liebe Elke, dann solltest du dir eine Schlafmaske besorgen.« Wieder machte sie eine bedeutungsschwere Pause. »Diese ziehst du deinem Mann über die Augen. Im Schlafzimmer solltest du vorher für einen schönen Duft sorgen. Vielleicht Lavendel, Vanille oder Zimt. Wenn dein Mann dann mit verbundenen Augen zum Bett geführt wird, hat seine Fantasie genug Raum. Er wird sich ein dunkelhaariges Rasseweibchen erträumen, die ihn in ihr Schlafgemach entführt, oder eine weißhäutige Rothaarige, mit Sommersprossen auf den Brüsten. Dies sollte dich aber nicht weiter abhalten von deinem Tun. In jedem Fall wird Heinrichs Männlichkeit einen Höhepunkt erreichen.« Gemurmel ging durch die Reihen. Doch Lisa war noch nicht fertig. »Dann aber kommt das, worauf es eigentlich ankommt. Wenn du wirklich schwanger werden willst mit einem Jungen, dann hör zu. Sobald er liegt, stopf ihm eine Socke in den Mund und binde ein Halstuch darum. Dies sorgt für einen weiteren Adrenalinschub. Zu guter Letzt aber, und jetzt pass gut auf, liebe Elke, zu guter Letzt – allerdings erst dann, wenn ihr mittendrin seid und dein Heinrich kurz vor seinem Höhepunkt steht – piekst du ihm seitlich eine feine Nähnadel in den Hintern.« Das war zu viel für die Damen. Alle brachen in schallendes Gelächter aus.

»Skandalös!«, sagte Eveline, als ich sie zwei Tage später auf der Straße traf. »Völliger Humbug«, bemerkte Hannelore, beim Einkaufen. Man war sich einig: Lisa hatte sie nicht mehr alle. Immerhin hatte sie aber für Gesprächsstoff gesorgt. Und die Gespräche darüber sollten sich noch wochenlang fortsetzen. Mir selbst jedoch ging Lisas Geschichte nicht mehr aus dem Kopf. Bis auf die Sache mit der Nadel klang ihre Methode eigentlich recht logisch. Kurzerhand entschied ich, es auszuprobieren. Heinrich und ich waren lange nicht intim gewesen. So oder so musste etwas geschehen. Am Abend, als Heinrich nach Hause kam, duftete es im ganzen Haus nach Orangenöl. Ich hatte es in einen Zerstäuber gefüllt und war jeden Raum damit abgegangen. Man konnte ja nie wissen, wo es uns überkommen würde. Heinrich bemerkte es nicht einmal. Jedenfalls nicht sofort. Genauso wenig wie mein neues Kleid, das einen tiefen Ausschnitt hatte. Erst als sein Magen gefüllt war und er sich satt zurücklehnte, fragte er: »Ist was anders?« Ich tänzelte um ihn herum, versuchte verführerisch und kess zu sein. Heinrich sprang sogar darauf an. Die Augenbinde kam nicht gleich zum Einsatz. Erst als ich spürte, dass mein Mann in Stimmung war, holte ich sie hervor. Zu meiner Überraschung reagierte er recht aufgeschlossen. Regelrecht wild wurde er sogar, als ich ihm die Socke in den Mund stopfte und mit dem Tuch hinterm Kopf fixierte. So hatte ich meinen Heinrich selten erlebt. So ungehemmt und lustvoll. Die Nadel lag auf dem Nachttisch, wartete auf Heinrichs Höhepunkt. Da ich selbst voller Leidenschaft war und mich ganz und gar in der Wonne dieses selten gewordenen Moments verlor, vergaß ich den letzten Schritt. Die Nadel verschwand wieder im Nähkästchen und ward im Schlafzimmer nie wieder gesehen. Dessen ungeachtet hatten Heinrich und ich eine wunderbare Nacht.

Bei den folgenden Kaffeepartys war Lisa nach wie vor dabei. Kaum etwas hatte sich verändert. Bis auf die kleinen Schnäpse, die von nun an dazugehörten. Das Thema Kinderplanung wurde jedoch vermieden. Bis heute ist mir nicht klar, ob Lisa wirklich meinte, was sie dort am Tisch erzählt hatte. Aber das spielt auch keine Rolle, denn seit jener Nacht hatten Heinrich und ich fantasievolleren Sex als je zuvor. Kinder haben wir keine mehr bekommen. Ob es mit der unangerührten Nadel zu tun hatte, wird wohl immer ein Geheimnis bleiben.

Eines Nachts jedoch erzählte mir Heinrich, dass Bernd, der Mann von Eveline, um ein Gespräch gebeten hatte. Seine Frau verhielte sich seltsam, so erzählte er. Sie habe ihm in der letzten Nacht den

Höhepunkt versaut, indem sie ihm mit einer Nadel in den Hintern gestochen habe. »Bin ich froh, dass du bei unseren Experimenten nie auf solch verrückte Ideen gekommen bist«, lachte Heinrich.

Übrigens brachte Eveline neun Monate später einen Sohn zur Welt.

Des einen Leid …

Stine (42), Kauffrau für audiovisuelle Medien, Berlin,
über Bastian, (40), Dermatologe, Berlin

Was hatte er gejammert. Gejammert und gefleht hatte er, man möge ihn doch endlich mal in den Keller sperren. Dann, genau dann, wenn er nicht damit rechnete. Das bereite ihm Vergnügen, schalte seinen immer regen Kopf aus. Dort unten, eingesperrt, nicht imstande zu entscheiden, darin lag für ihn Freiheit. Kopfpause. Es gab nur selten Momente, in denen er nach Feierabend wirklich zur Ruhe kam. Die meisten davon verdankte er mir. An jenem Nachmittag hatte ich mir freigenommen. Auch mir ging es darum, ein wenig zu rasten. Dies gelang am besten, wenn ich ungestört war, allein. Diesen Luxus hatte ich vor einem halben Jahr gegen gemeinsames Wohnen getauscht. Viel zu selten hatte ich die Wohnung für mich. Immer war er da, selbst wenn er bloß in einer Ecke kniete, auf eine Anweisung hoffte. Selbst wenn er fixiert in unserem Schlafzimmer verweilte, voller Erwartung auf den nächsten Schritt. Ich spürte seine Anwesenheit dennoch. Heute war mir das nicht recht. Warum also nicht eine seiner Fantasien bedienen, wenn diese mir zugleich meinen Wunsch nach Ruhe erfüllte? Ab in den Keller.

Im ersten Moment wusste er nicht, was ihn erwartete. Das typische kurze Aufbäumen, der Widerstand. Ein instinktiver Impuls, der mit den Monaten immer schwächer geworden war. Wie ein Haustier hatte ich ihn erzogen, zurechtgebogen. Bei mir gab es Futter, das wusste er inzwischen. Backenfutter vor allem. Auch jetzt verpasste ich ihm einige Ohrfeigen. Die brauchte er, das spürte ich. Immer wieder sah er auf die Uhr. Dies sprach nicht für seine Hingabe. So ohrfeigte ich ihn, bis er vor meinen Füßen kniete, mich darum bat, eine Frage stellen zu dürfen. Später. Nicht jetzt. Doch er hörte nicht auf mich, öffnete den Mund, begann die Lippen zu einem ersten Wort zu formen: »Meine …« Ein Slip stopfte ihm das Maul, machte ihn stumm. Klebeband darüber, Handschellen. Stille. Dann ab in den Keller. Durchs Treppenhaus, der Atem angehalten. Ein Nachbar könnte durch seinen Spion sehen, womöglich sogar die Wohnung verlassen, uns erblicken. Wir selbst erblickten Unverständnis, womöglich Ablehnung im Gesicht des Nachbarn. Darauf waren wir vorbereitet, auch wenn man das nie wirklich war.

»Ab in den Keller«, so meine Worte. Etwas in ihm war nicht bereit dafür. Unverständlich murmelte er etwas in das Stückchen Stoff in seinem Mund. Unten angekommen setzte er sich auf den ausrangierten Küchenstuhl, inmitten von staubigen Kartons. »Schönen Abend noch!« Dann war ich auf dem Weg nach oben. »Mmmmhmmmh …«, murmelte er mir nach. Was war nur los mit ihm? Ich vermutete das Übliche: Die Wirklichkeit reicht niemals an die Fantasie heran. Und je länger sie in einem Kopf vor sich hin gedeiht, wild blühend, desto enttäuschender wird ihre Erfüllung sein. Das hätte er wissen müssen.

Seis drum, meine Zeit konnte beginnen. Wieder in unserem Dachgeschoß, ließ ich mir ein Bad ein. Mein Kopf konnte sich mit Ruhe füllen, endlich. Danach den Körper einölen, jeden Zentimeter massieren. Bodycheck vorm Spiegel. Gar nicht schlecht. Das Training hatte sich bezahlt gemacht. Vielleicht sollte ich meinen Körper noch verschenken, an die fleißigen Hände meines Kellerkindes.

Aus dem Schrank ein Outfit fischen, es anziehen, sich wohlfühlen. Latex fürs Schlafzimmer. Das liebten wir. Keine Unterwäsche, keine Strümpfe. Es würde lange genug dauern, mich aus dem Gummisuit zu pellen. Auf dem Weg zur Haustür klingelte es. Vielleicht ein Nachbar, der seinen Schlüssel verlegt hatte, oder ein Paket. Zalando? »Ja bitte?«, ließ ich meine Stimme verheißungsvoll durch die Gegensprechanlage tönen. »Wir sinds.« Eine muntere Frauenstimme. Zu munter für meinen Freundeskreis, aber vertraut. Seine Mutter! Jetzt erkenn ich es. Handeln. Schnell handeln. Erst in den Bademantel, dann die Tür öffnen. An die Tür stellen, auf die Besucher warten. Unschuldsmiene.

»Na was für eine Überraschung.« Doch die Eltern wirkten verunsichert. »Überraschung? Hat er dir denn nicht gesagt, dass wir kommen?« Er hätte sicher, wenn er gekonnt hätte. Plötzlich machte alles einen Sinn. »Du bist ja noch gar nicht fertig«, fuhr die Mutter fort. Der Vater schwieg, ganz der Sohnemann. »Nun, wir müssen es irgendwie vergessen haben.« In Vergessenheit möchten Eltern nicht geraten, deshalb wurde ab diesem Punkt geschmollt. Wo er denn sei, der schöne Sohn, wollten sie wissen. »Im Keller«, sagte ich wahrheitsgemäß, in der Annahme, dass die alten Leute nicht gleich nach unten eilen würden, um nachzusehen. Weit gefehlt. Der Vater, dem die Stimmung ohnehin nicht passte, handelte. »Ich geh ihn mal holen.«

»Oh bitte«, sagte ich. »Die vielen Treppen. Setzt euch doch lieber ins Wohnzimmer. Ich werde ihn holen.« Puh, das ging noch einmal gut. Die Bequemlichkeit hatte gesiegt. Was ich vergessen hatte, waren meine Schuhe. Auf dem Weg in die Wohnung bemerkte die Mutter meine Größe. Schnell schleuderte ich die Heels in eine Ecke, schob alles auf die kalten Fliesen im Flur. »Man will sich ja nichts wegholen.«

»Dass du darauf laufen kannst …« Kann ich ja gar nicht, dachte ich, eilte barfuß ins Treppenhaus, der Blasenerkältung zum Trotz. Ab in den Keller.

Unten schauten mich zwei verzweifelte Augen an. Ebenso verzweifelt blickte ich zurück. Kommunikation braucht keine Worte. Der Knebel hinterließ hässliche Spuren um seinen Mund. Egal, schnell nach oben. »Die wollen essen gehen«, verriet er. Großartig.

Oben angekommen, übernahm er das Ruder. Ich verschwand im Schlafzimmer, um mich des Gummis am Körper zu entledigen. Bei innerer Unruhe eine knifflige Angelegenheit. Mein Daumennagel stieß durch das empfindliche Material. Laut fluchte ich auf, vergaß für einen kurzen Moment die Eltern im Nebenraum. Als ich mich nach endlosen Minuten endlich ausgezogen hatte, hätte ich eine Dusche gebrauchen können. Verschwitzt warf ich mir wieder den Bademantel über, eilte ins Wohnzimmer, um den Gästen zu verkünden, dass sie doch bitte ohne mich gehen sollten. Die Migräne hätte mich daniedergestreckt. Doch ich traf bloß auf meinen verstörten Freund. »Sie sind gegangen«, sagte er geknickt. Seine dominante Mutter hatte entschieden, den Abend ohne uns zu verbringen. Im Grunde hatte er eine Umarmung nötig, mein kleiner Mann. Doch auch ich war um meine Portion Ruhe gekommen. Aus diesem Grund gab es nur eins: ab in den Keller.

Zwischen den Regalen

Björn (37), Filialleiter eines Baumarktes, Hamburg,
über ein unbekanntes Heteropaar (ca. Mitte 30), Hamburg

Als Filialeiter eines Baumarktes wurde ich von vielen unterschätzt. »Es ist ja bloß ein Baumarkt«, hieß es dann hinter vorgehaltener Hand, und: »Der hat ja nicht einmal Abitur.«

Dementsprechend wurde ich ab und zu auch von Kunden behandelt. Mit dem Verkauf hatte und habe ich nicht viel zu tun, dennoch bin ich autorisiert und verpflichtet, Fragen zu beantworten. Früher habe ich gern auch mal eine komplette Beratung übernommen. Es ist ja nicht immer ein Verkäufer in der Nähe. Es hat gut getan, mal über die Praxis reden zu können. Ich habe mich gut gefühlt, beim Fachsimpeln zwischen den Regalen. Früher, ja früher war das noch so …

Ein besonderes Verkaufsgespräch ereignete sich an einem Samstagvormittag vor einigen Jahren. Zwei Kunden, ein Paar, wie es schien, bogen in Gang 4, als ich meinen Rundgang antrat. Aus den Augenwinkeln konnte ich erkennen, dass sie wild gestikulierten und eine Diskussion austrugen. Bei genauerem Hinsehen stellte ich fest, dass es sich um recht gut betuchte Kunden handelte. Gut gekleidet und zurechtgemacht, wie es für meine sonstige Kundschaft unüblich war. Ein schlank gewachsener Bursche, ca. Mitte dreißig, und eine etwas jüngere Frau. Wie groß sie tatsächlich war, konnte ich nur ahnen. Auf Absätzen, die ich zuvor nur in Magazinen gesehen hatte, stöckelte sie neben ihrem Mann her, fuchtelte dabei vor seinem Gesicht herum, schien etwas Wichtiges deutlich machen zu wollen. Overdressed bis in die Schuhsohlen kam er daher. Ganz in Schwarz, mit weißem Hemd dazu. Die Lederschuhe poliert, der Ziegenbart frisch gestutzt. Vermutlich war es die Neugier, die mir meine Frage entlockte. Jene Frage, die sonst nur meine Mitarbeiter stellten: »Kann ich weiterhelfen?«

Binnen Sekunden wurde ich zum Zentrum ihrer Aufmerksamkeit. Ob dieses Seil denn hautfreundlich sei, fragte die Dame, und ob wir auch Gaffer-Tape führten. Hautfreundlich? »Sie meinen hautverträglich?« Kollektives Nicken meiner Gegenüber. Ich wendete das Sisalseil in meinen Händen.

Für gewöhnlich stellten die Kunden Fragen nach der Strapazier-fähigkeit, danach, ob es für diesen oder jenen Zweck geeignet war, stabil genug war. Niemals aber, ob das Material hautverträglich sei. Obwohl ich nichts verstand, wollte ich den Kunden ein guter Berater sein. »Haben Sie denn irgendwelche Allergien, die Ihnen bekannt sind?«

»Und, Drecksau? Hast du Allergien?«, fragte die Dame ihren Mann. Der eigenwillige Spitzname war mir nicht entgangen. Auch nicht die rote Färbung der Wangen des Mannes. Zu Recht, wie ich fand. War sie sich denn nicht im Klaren darüber, dass auch ich an-wesend war? Oder war es ihr etwa herausgerutscht?

Nun wollte ich es etwas genauer wissen. »Wozu brauchen Sie dieses Seil denn?« In den Augen des Mannes konnte ich lesen, dass ihm diese Frage gar nicht recht war. Die Frau aber gab mir gern eine Auskunft. »Nun, ich kann es Ihnen demonstrieren«, sagte sie, schnappte sich die Handgelenke ihres Partners, begann, diese recht technisch und gekonnt zu umwickeln. Was tat sie denn da? Aber doch nicht hier und wieso überhaupt. »Nicht nötig. Ich denke, ich bin nun im Bilde«, hielt ich sie auf. »Schön«, sagte sie, schaute mich aus tiefen blauen Augen an. Etwas überfordert nahm ich ihr das Seil aus den Händen, fing an zu plappern. Schnell etwas sagen, bevor die Frau auf neue dumme Ideen kam. »Wie Sie sehen, ist dieses Material sehr faserig, es könnte kratzen auf der Haut. Dennoch ist es Naturfaser, also recht hautfreundlich. Dann haben wir da noch weitere Naturseile, die weniger kratzen. Diese lassen sich aber nur begrenzt reinigen und sind wohl eher für einzelne Fesselungen ge-eignet. Leichter zu desinfizieren sind hingegen unsere Plastikseile. Allerdings sollte man diese nicht zu schnell über die Haut ziehen, denn sie entwickeln Hitze und können Brandspuren hinterlassen.« Hatte ich das wirklich gerade gesagt? Mit schief gelegtem Kopf hatte das Paar interessiert zugehört. Nun nickten sie eifrig. Anscheinend hatte ich meinen Zweck erfüllt. »Schön, dass ich helfen konnte«, sagte ich, hoffte, mich aus dem Staub machen zu können.

Doch die zwei hatten nicht vor, mich so schnell zu entlassen. Inzwischen hatte die Dame ihren Einkaufswagen mit einigen Metern Sisalseil ausgestattet, trotz meiner Hinweise auf die unangenehmen Eigenschaften. »Wie sieht es denn aus mit Hundespielzeug? Haben Sie Gummibälle?« Erleichterung überkam mich. Anscheinend war der Sexteil vorbei. Puh, Glück gehabt. Auf dem Weg in die Tierabteilung blieb die Dame abrupt stehen. Irgendetwas hatte ihre Aufmerksamkeit erregt. Der Mann an ihrer Seite schluckte trocken, als sie einen Profi-Stachelentlüftungsroller vom Haken an der Wand nahm. Mit dem Finger fuhr sie über die Stacheln. »Hm, schau mal, meine Schlampe, Wellness für den Popo.« Etwas in mir musste handeln. Schließlich war ich um das Wohlergehen meiner Kunden besorgt. »Wissen Sie, das würde ich lassen. Die Stacheln könnten die Haut verletzen. Das ist sicher sehr schmerzhaft.« Wieder blickten mich die Eisaugen der Dame an, ließen mich erstarren. »Na, das will ich doch hoffen«, sagte sie, legte den Stachelentlüftungsroller zu den Seilen in den Wagen. Schnell weiter, was die Kunden mit unseren Waren trieben, sollte ihnen selbst überlassen sein.

In der Tierabteilung griff ich das Verkaufsgespräch wieder auf: »Was für einen Hund haben Sie denn?« Ein breites Grinsen im Gesicht der Dame ließ mich Fürchterliches annehmen. Inzwischen fürchtete ich mich ein wenig vor der unberechenbaren Frau. Ihr armer Mann ließ sich von ihr ins Gesicht greifen. Sie presste seinen Mund zu einer Schnute. »Einen ziemlich räudigen Dackel, wenn Sie es genau wissen wollen.« Der Dackel warf mir einen treudoofen Blick zu. Mit zittrigen Fingern zog ich einen der Bälle aus dem Regal. Im Grunde hätte ich nichts mehr sagen sollen, aber mein Verkäufergemüt ging wie immer mit mir durch. »Für Menschen ist diese Art von Gummi eher ungeeignet. Es befinden sich Weichmacher in dem Gummi, die schädlich sind.«

»Tatsächlich? Welche Art von Gummi würden Sie uns denn empfehlen?« Ich sah mich um. Meine Kollegen und Angestellten hatten nichts von all dem mitbekommen. Nur ein älterer Herr, der am Aquarium stand, warf einen Blick in unsere Richtung. Da kam mir eine Idee. »Das einzige, was mir jetzt einfällt, ist ein Aquarienschlauch. Der enthält keinerlei Weichmacher und ist lebensmittelecht.« Um die Zeit bis zu ihrer Entscheidung zu überbrücken, redete ich einfach weiter. Bloß um weitere Übergriffe zu verhindern. Die Frau hatte indessen einen der Schläuche in die Hand genommen, prüfte sein Material. Ich fuhr fort: »Aquarienschläuche dürfen keine Weichmacher abstoßen, da viele Wassertiere sehr empfindlich sind, wissen Sie. Garnelen zum Beispiel und …« Ein Geräusch durchbrach meinen Redefluss. Der Schlauch sauste durch die Luft, traf den armen Kerl auf den Hintern. Zu meiner Überraschung begann er zu lächeln. »Was gibts da zu lachen? Du bekommst gleich mit Bauschaum das Maul versiegelt«, ermahnte ihn die Frau. Ich zuckte zusammen. Schlimme Bilder tauchten vor meinem geistigen Auge auf. Da ich ihr inzwischen alles zutraute, hielt ich dagegen: »Ähm … Bauschaum würde Ihrem Mann den Mund binnen Sekunden verätzen. Davon würde ich abraten.«

»Na, dann nehmen wir doch einfach den Schlauch.« Zack war der Schlauch im Mund des jungen Mannes. Mit hängenden Schultern und Schlauch zwischen den Lippen trottete er neben uns her, auf dem Weg zur Kasse. Meine Angestellten warfen mir fragende Blicke zu. Gerade wollte ich mich davonschleichen, da holte mich die zynische Stimme der Kundin zurück.

»Jetzt habe ich ganz vergessen, nach Teichfolie zu fragen, damit kann man nämlich wunderbare …«

»Teichfolie ist aus!«, unterbrach ich sie. Die Kassiererin aber, die sich zwar über den Schlauch im Mund des Kunden wunderte, sonst aber nicht mitbekommen hatte, worum es ging, fiel mir in den Rücken. »Nein, wir haben noch jede Menge Teichfolie. Hinten in der Gartenabteilung.«

»Mein Fehler. Bleiben Sie hier stehen, ich hole Ihnen welche.« Mit diesen Worten joggte ich durch meinen Markt. Wenig später war alles bezahlt und die strenge Dame mit ihrem Dackel auf dem Weg nach draußen. Schweißgebadet flüchtete ich nach hinten in mein Büro, blieb meinen Mitarbeitern eine Erklärung schuldig.

Bis heute weiß niemand so recht, was es auf sich hatte mit dem Gummischlauchknebel und meinem Sprint durch den Baumarkt. Kunden bediene ich seither gar nicht mehr. Schließlich bin ich Filialleiter und kein Verkäufer. Hin und wieder spricht mich schon mal ein Kunde an, aber dann heißt es nur: »Augenblick, Kollege kommt gleich.«

Luise
friert nicht

Valerie (37), Bankkauffrau, Dortmund,
über Luise (24), Studentin, Düsseldorf

Luise sitzt auf der Fensterbank und träumt. Womöglich träumt sie sich ein Abenteuer herbei. Sie mag es, grob behandelt zu werden. Sie mag es, wenn es weh tut, nicht nur körperlich. Psycho-SM, so sagt sie dazu. Wenn es so richtig perfide zugeht, erst dann hat sie ihren Spaß. Es kommt schon mal vor, dass ich meine Luise an ihre Grenzen treibe. Dann tobt es in ihr, sie schreit, schlägt um sich, beschimpft mich sogar. Später wird sie ganz ruhig, verlässt ihren Körper, findet sich schließlich in diversen Himmeln wieder. Meistens ist es der siebte, so sagt sie.

Heute wartet eine Überraschung auf Luise. Dafür hebe ich sie von der Fensterbank, stelle sie vor ihren Kleiderschrank. Sie wiegt ja fast nichts, dürres Ding. »Zieh dich aus und häng deine Kleidung in den Schrank.« Luise gehorcht. Das tut sie eigentlich immer. Vielleicht aus Gewohnheit, vielleicht auch, weil sie faul ist und ich ihr viele Entscheidungen abnehme, womöglich aber, weil sie mich liebt. Das wäre der Idealfall. Aber die Wahrheit ist wohl irgendwo dazwischen. Nackt muss sie mir folgen. Fragen stellt sie schon lange keine mehr. Was auch immer ich meiner Luise tun will, ich habe ihr volles Vertrauen. Bevor wir das Haus verlassen, werfe ich Luise einen Mantel um. Schuhe darf sie keine tragen. Wohin wir fahren, erzähle ich erst kurz vorm Ziel, mitten auf der Autobahn: ein Parkplatz. Gerade mal ein Klohäuschen gibt es dort. Keine Tanke, kein Restaurant. Bloß ein einsam vor sich hin stinkendes Klohaus und ein paar Holzbänke ringsum. Hier wird Luise heute ihren Tag verbringen. In diesem Glauben setze ich sie auf eine der Bänke, verbinde ihre Augen. Luise zittert ein wenig. Nicht weil sie aufgrund ihrer Nacktheit friert. Es ist die aufsteigende Geilheit, das kenne ich schon von ihr. Bei Menschen wie ihr, die so leise durchs Leben gehen, muss man genau hinsehen, um zu verstehen.

Ich werde gleich gehen, habe ich ihr gesagt. Dann muss sie dort sitzen. Barfuß, die Augen verbunden, das Geräusch der vorbei-rasenden Fahrzeuge, nur mit einem Mantel bekleidet. Irgendwann, wird ein Mann kommen. Ein Fremder. Ihm wird sie an diesem Tag gehören. Weder ihn sehen noch zu ihm sprechen darf sie. Dafür wird ein Knebel sorgen, den er ihr anlegen wird. Luise lauscht, ihr Atem ist schwer. Dass sie sich unwohl fühlt, kann ich spüren. Männer sind ihr suspekt. Sich ihnen zu schenken – fast undenkbar. Dennoch ist es nass zwischen Luises Schenkeln. Dass ich entscheide, einfach eine ihrer Grenzen überschreite, gibt ihr einen Kick.

Was sie nicht weiß, ist, dass ich dieser Mann sein werde. Meine Geschichte ist natürlich nur ein böses Märchen für Luises Fantasie. Von einem Freund habe ich einen alten Mantel geliehen. Er ist Hundetrainer und der Mantel stinkt nach nassem Hundefell. Im Wagen wartet zudem fremdes Aftershave auf mich. In Kombination mit dem Geruch des Mantels werde ich einen wunderbar schmierigen Kerl abgeben. Als zusätzliche Demütigung werde ich einen Schluck Whiskey trinken und eine Zigarre rauchen für den besonderen Atem. Da sie mich trotz Augenbinde an meinen Berührungen erkennen könnte, werde ich sie bloß mit Handschuhen berühren. Derbe, abgetragene Lederhandschuhe, mit tiefen Rissen. Mein Plan ist perfekt.

So hinterlasse ich mein blindes Mädchen auf der Bank. Lange werde ich sie nicht warten lassen. Wer weiß, wer sich hier sonst noch rumtreibt. Womöglich macht sich ein Fernfahrer ihre Situation zunutze. Kaum auszudenken. Deshalb sollte ich mich beeilen. Vorher aber, werfe ich noch den Mantel über, schmiere mich mit dem Billigduft aus dem Supermarkt ein, spüle meinen Mund mit Whiskey. Um das Ganze echt aussehen zu lassen, fahre ich tatsächlich los, lasse Luise meine Hupe hören.

Nur einen Kilometer entfernt ist eine Autobahnausfahrt. Voller Vorfreude setze ich den Blinker, rase um die Kurve. Wie besorgt ich um meine Kleine bin. Nun muss ich auf der anderen Seite rauffahren, um dort hinter der Raststätte erneut abzufahren, um wieder auf die Seite der Autobahn zu gelangen, auf der Luise wartet. Maximal zwanzig Minuten wird sie aushalten müssen, werde ich aushalten müssen. Ich bin sicher, dass meine Kleine unter ihrer Augenbinde vor sich hin träumt. Voller Angst wird sie erst dann sein, wenn sie meinen stinkenden Atem auf ihrer Haut spürt. Gerade will ich die Autobahn auf der gegenüberliegenden Seite verlassen, da erblicke ich im Rückspiegel einen Polizeiwagen. Bitte nicht jetzt. Zu jeder Zeit, aber nicht jetzt. Das Fenster heruntergekurbelt, blicke ich in zwei skeptische Augenpaare. »Wir fahren ihnen schon eine ganze Weile nach. Sie sind ganz schön flott unterwegs.«

Ich drehe mich um, versuche zu erkennen, ob jemand in ihrem Wagen sitzt. Vielleicht haben sie gesehen, wie ich Luise abgesetzt, wie ich ihr die Augen verbunden und sie einfach zurückgelassen habe. Aber ich darf mich entspannen, der Polizeiwagen ist leer. »Haben sie Alkohol getrunken?«, fragt einer der Polizisten. »Nein«, sage ich und vergesse, dass neben mir auf dem Sitz eine angebrochene Flasche Whiskey steht. »Hauchen sie mich mal an.« Ich hauche. Der Beamte nimmt einen tiefen Atemzug, atmet das nasse Hundefell, das billige Aftershave und auch den Whiskey in meiner Mundhöhle. »Ich habe nur meinen Mund damit gespült«, sage ich und merke, wie dumm das klingt. »Steigen sie mal aus!«

Es folgt das Übliche. Führerschein und Fahrzeugpapiere, der Kofferraum wird geprüft. Dann muss ich in ein Röhrchen pusten. Natürlich komme ich davon. Mein Promillewert ist mickrig. Also müssen sie mich ziehen lassen. Doch ich habe Zeit verloren. Inzwischen wartet meine Kleine schon über eine halbe Stunde dort. Gas geben ist schwierig. Die Polizei fährt mir noch eine Weile hinterher. Sogar, als ich auf die Autobahn auf der anderen Seite wieder auffahre, folgen sie mir. Der Frau mit dem Säufergeruch ist nicht zu trauen. Verständlich.

Während ich pausenlos in den Rückspiegel schaue, grüble, prüfe, ob die Bullen endlich abdrehen, registriere ich nicht den Stau, der sich vor mir erstreckt. Automatisch reagiere ich zwar, bremse, ordne mich in die Reihe der Wartenden ein. Doch erst, als mein Wagen gänzlich zum Stehen kommt, verstehe ich: Hier geht gar nichts mehr. Dabei bin ich nur ein paar Kilometer von meiner Luise entfernt. Der

Polizeiwagen macht es sich leicht, setzt Blaulicht, fährt am Seiten-
streifen an mir vorbei. Nur zu winken haben sie vergessen.

In mir steigt Panik auf. Luise, wie mag sie sich die Zeit überbrücken? Was, wenn sich längst jemand ihrer bedient hat? Ein
schönes Ding wie sie, ein leichtes Opfer und dann auch noch in Erwartung einer Inszenierung. Sie würde es nicht einmal bemerken,
wenn eine echte Vergewaltigung stattfände. Schweiß perlt mir von
der Stirn. Sicher ist meine Sorge ohne Grund. Sicher wird sie dort
sein, mich fragen, wo der Mann abgeblieben ist. Vielleicht wird sie
zittern, aber nicht frieren. Ich werde sie an mich reißen, sagen: Luise,
ach Luise, er wird nicht kommen. Kein anderer darf seine Finger
nach dir ausstrecken. Nur ich.

Den Mantel habe ich inzwischen ausgezogen. Mein ganzer Wagen
stinkt nach Hund. Nach zwanzig endlosen Minuten bewegt sich was,
der Stau löst sich, wir fahren. Ich fahre, fahre, viel zu schnell, ver-
passe beinahe die Raststätte.

Fassungslos verlasse ich den Wagen, stehe da, schaue auf eine
leere Bank. Wo ist sie hin? Jemand hat sie mit sich genommen?
Von selbst ist sie nicht gegangen. Nie würde sie sich einem meiner
Wünsche widersetzen. Das Klohaus ist leer. Auch die Männer-
toilette prüfe ich, man weiß ja nie. Mit Vollgas geht es heim. Vorher
nehme ich einen kräftigen Schluck Whiskey. Mir ist alles egal. Ich
bin eine verantwortungslose Frau. Kurz vor der Haustür überschlagen sich meine Gedanken. Doch ein Bild stoppt diese augenblicklich: Da sitzt sie, auf den Stufen im Hausflur, Luise. Ein wenig
neben der Spur ist sie, aber dann plappert sie los. Nachdem sie eine
halbe Ewigkeit auf der Bank gesessen hatte, kam ein Reisebus mit
einer Fuhre Rentnern daher. Voller Sorge um Luises Gesundheit
überredeten sie Luise, mit ihnen zu fahren. Was nicht schwer war,
denn Luise ist faul und mag es ja, wenn ihr Entscheidungen abge-
nommen werden. Im Bus war sie der Star. Ein junges halb nacktes
Findelkind. Die alten Leuten schafften es, den Busfahrer zu überreden, Luise bis vor die Haustür zu bringen. Niemand fragte nach,

was es mit der Augenbinde auf sich hatte oder den nackten Füßen. Seltsame Welt.

»Du riechst anders«, sagt sie und ist höflich. Gemeinsam gehen wir in die Wohnung, nehmen ein Bad. Luise liegt auf mir, Badeschaum türmt auf ihrer Nasenspitze. Die Augen geschlossen, erträumt sie sich ein Abenteuer. Doch auf das nächste kann sie lange warten.

Männer
sind Helden

Daniela (34), Krankenschwester, Berlin, über einen unbekannten
Patienten (ca. 40) und seine Frau (ca. 34), Berlin

S chichtdienst. Dienstagnacht. Die meisten meiner Kollegen hängen in den Seilen. Es ist nicht viel los in der Notaufnahme. Ich bin froh drum. Endlich kann man seinen Kaffee mal warm trinken. Kaum, dass ich die Tasse ansetze, schwingt die Tür auf. Ein türkischer Mann steht vor mir, seine Hand in den Schritt gepresst. Gleich neben ihm eine Frau mit Kopftuch. Wie sich herausstellt, ist die Dame seine Frau. Sie schweigt, folgt ihrem Mann, der mir folgt. Auf seinen Hinweis »Brauch ich Arzt« hin frage ich ihn, was passiert ist. Wieder die Worte: »Brauch ich Arzt.« Vielleicht spricht er kein Deutsch, wer weiß. Vermutlich hat er diesen Satz nachgeschlagen im Wörterbuch. Unter Schmerzen nehme ich an, denn nicht umsonst ist seine Hand am selben Ort wie gerade noch. Beide folgen mir nun ins Wartezimmer. Dort ist es leer. »Wie lange dauert?«

»Nur ein paar Minuten«, sage ich. Zwanzig Minuten später wird ein Behandlungsraum frei, auch dorthin führe ich die beiden. »Wie lange dauert noch?«, ruft der Mann unentwegt. Anscheinend ist er mit seiner Geduld am Ende. Seine kleine Frau trippelt betreten hinterher. Was nun folgt, ist für mich reine Routine. »Erzählen sie mir doch bitte, was passiert ist.« Jedes Wort versuche ich zu dehnen, damit die beiden mich auch verstehen. »Was ist passiert?«

»Wo ist Arzt?«, ruft der Mann. Inzwischen ist er sehr aufgebracht. »Ich rede nicht mit Frau!«, fügt er hinzu. Ich runzle die Stirn. Erst jetzt erkenne ich eine kleine Schnittwunde an der Schläfe. Mit einem Tupfer will ich mich ihm nähern. Doch der Mann ist fest entschlossen, mich nicht an sich heranzulassen. Also gut, warten wir auf einen Arzt. Wenig später erscheint Frau Doktor Elbers in der Tür. Ein wenig konsterniert schaut sie auf den Bogen mit der Anamnese. Dieser ist leer. »Er wollte mir nicht sagen, was passiert ist«, rechtfertige ich mich. Also übernimmt die Ärztin nun das Ruder, stellt dieselben Fragen wie ich zuvor, bekommt dieselben Antworten. »Ich glaube, er möchte zu einem männlichen Arzt«, bemerke ich.

»Das können Sie mal gepflegt vergessen. Wir sind hier nicht bei *Wünsch dir was*. Also verschwenden Sie nicht meine Zeit und erzählen Sie endlich was passiert ist.« Die kleine Frau mit dem Kopftuch macht nun zum ersten Mal den Mund auf und spricht. Nichts, was wir verstünden, aber anscheinend Worte der Beschwichtigung. Sie redet auf ihren Mann ein, redet und redet, gestikuliert wild, wird lauter, wieder leiser, schaut zu uns rüber, schweigt. Als Reaktion legt sich ihr Mann auf die Krankenliege direkt in unserer Mitte. »Brauch ich Arzt«, sagt er, verschränkt die Arme vor der Brust. Harter Knochen.

Mir ist klar, dass Frau Doktor Elbers wenig Interesse daran hat, diesen Patienten an einen männlichen Kollegen abzutreten. An dieser Stelle geht es ihr ums Prinzip, da bin ich sicher. Die Ehre der Frau muss verteidigt werden. Doch die Augen der Türkin blicken flehend in meine Richtung. Also lasse ich mich erweichen, gehe in den Flur und rufe gezielt Herrn Doktor Frohböse auf. Der Doktor aber steckt inmitten einer Behandlung. Tja, dann muss sich der Herr wohl doch mit uns Frauen begnügen. Gerade will ich zurück in den Behandlungsraum, da tritt seine Frau auf den Flur. »Sie verstehen das nicht.« Ihr Deutsch ist um einiges besser als das ihres Mannes, nahezu akzentfrei. »Wissen Sie, mein Mann schämt sich. Er ist auf seinen Penis gestürzt.« Jetzt bloß die Fassung nicht verlieren. Auf keinen Fall lachen. Aber ich kann nicht anders. Zu meinem Glück zeigt sich die kleine Frau mit dem Kopftuch verständnisvoll. Gemeinsam brechen wir in schallendes Gelächter aus. Kichernd erzählt sie die gesamte Geschichte.

Ihr Mann liebt Rollenspiele. Besonders gern spielt er Superhelden. In dieser Nacht war er Batman. Sogar eine Maske habe er getragen, erzählt sie, macht eine Pause, weil ihr die Tränen vor Lachen in die Augen steigen. Übermütig wie er war, sei er auf eine Kommode gegenüber dem Bett geklettert. Sein Penis war bereits voll ausgefahren. So wollte er, ganz in Superheldenmanier, seine Frau bespringen. Da er aber vergessen hatte, dass er nicht wirklich Batman war, sondern ein recht kurz geratener Mann, verlief der Sprung anders als geplant. Sein Penis schlug auf die Bettkante und knickte um. An dieser Stelle der Geschichte halte ich kurzzeitig den Atem an. Die ausführliche Beschreibung fährt mir durch Mark und Bein. Ein Penisbruch ist eine schmerzhafte und vor allem demütigende Angelegenheit. Batmans Frau aber hält sich noch immer den Bauch vor Lachen.

»Sehen Sie,« sagt sie dann. »Mein Mann ist sehr stolz. Ich wäre froh, wenn Sie einen männlichen Arzt auftreiben könnten. Mein Sexleben steht schließlich auf dem Spiel.« Bei dem Wort »steht« verfällt sie wieder ihrem Lachanfall. Ich nehme an, dass die Nerven langsam mit ihr durchgehen.

Also fackle ich nicht lange, renne zu Herrn Doktor Frohböse, schildere die Situation. Sein Patient und er sind nicht sehr angetan von meinem plötzlichen Auftritt, willigen aber ein, dass Frau Doktor Elbers den Patienten übernimmt.

Kurz darauf erscheint Herr Doktor Frohböse im Behandlungszimmer des türkischen Superhelden. Die kleine Dame hat sich von ihrem Lachanfall erholt. Oder aber sie ist eine sehr gute Schauspielerin. Mit leidender Miene hält sie die Hand ihres Gatten. »Frau muss gehen«, verkündet der Patient erneut. Seine Frau zieht mich am Ärmel, flüstert:« Bitte, kommen Sie.« Also gut. Kaum, dass wir im Flur sind, fällt sie wieder in kurzatmiges Gelächter. Kurz überlege ich, ihr eine Beruhigungsspitze zu injizieren.

Am Tag darauf treffe ich Herrn Doktor Frohböse im Pausenraum. »Unglaubliche Geschichte«, sagt er. »Wissen Sie, wobei sich der Mann von gestern seinen Penis gebrochen hat?« Ein breites Grinsen zieht sich durch mein Gesicht. Da gestern alles schnell gehen musste, hatte ich Herrn Doktor nicht die ganze Geschichten erzählt, sondern nur das Nötigste. »Ähm, nein …«, lüge ich. » Er ist tatsächlich während eines feuchten Traums aus dem Bett gefallen. Direkt auf seinen Penis.« Gemeinsam beginnen wir zu lachen. Ich jedoch lache über die Tatsache, dass der Arzt dem Patienten diese Lüge tatsächlich abgekauft hat. Schließlich war der Patient auf die Bettkante geknallt. Das musste er doch gesehen haben. Oder war ich selbst das Opfer einer Fantasiegeschichte geworden?

Die spinnen, die Römer

Dunja (29), Studentin, Hamburg,
über Adriano (38), vermögender Italiener, Rom

Mein Lifestyle ist wechselhaft, so launisch wie ich selbst. Mich festlegen – undenkbar. Zwei der wenigen Konstanten meines Alltags befinden sich in meiner Handtasche: Lippenstift und Gaffer-Tape. Diese beiden Dinge sollte eine Frau stets bei sich tragen. Für alle Fälle. Alles andere darf wechseln. Letzte Woche noch blond, war mir heute nach rassigem Schwarz. Sonnenbrille aus den Fünfzigern, Lippenrot – zeitlos. *La dolce vita* für die nächsten vier Tage. Es geht nach Rom. Ein Kurztrip. Mein neuer Geldsklave ist Römer und hat mich eingeladen. Ein anmutiger Italiener, mit einem Bankkonto, das es verschmerzen kann. In einem der besten Hotels wird er mich empfangen. Dort wird er mir die gesamte Zeit zur Verfügung stehen. Bisher kenne ich ihn nur von Bildern. Sollten diese Fotografien tatsächlich ihn abbilden, habe ich vermutlich das große Los gezogen. Eine 2-Meter-Bestie mit den Augen eines Rehs und einem diensteifrigen Willen ausgestattet. Rom, ich komme.

Selbstverständlich bleibt mein neuer Look nicht unbemerkt. Ich bin ein Magnet, ziehe die Augen der Männer auf mich. Sogar jene in weiblicher Begleitung riskieren einen Blick. Auf meine Beine, die in teuren Nylons stecken, meine Füße in den Heels, das marineblaue Etuikleid. Meine Erscheinung ist nahezu perfekt. Adriano werden die Rehaugen übergehen. Kein Mann kann ihm das Wasser reichen. Nicht einmal der blonde Schönling in der Schlange beim Einchecken. Eine ganze Weile starrt er mir bereits auf den Hintern. Irgendwann drehe ich mich um, nehme langsam meine Brille ab, schaue ihn gezielt an.

Blicke von Damen beeindrucken ihn wenig. Einen Windhund wie ihn kann eh nicht viel erschüttern. Schade. Doch so einer muss doch zu knacken sein. Wir lassen uns Plätze nebeneinander geben. Im Flugzeug wird geflirtet. Mister Nice Guy macht mir Komplimente aus dem Katalog. Seine Eitelkeit ermüdet mich recht schnell. Angeödet lege ich die Waffen nieder, gebe auf. Auf so etwas bin ich nicht angewiesen. Die *Via Vittorio Veneto* kenne er wie seine Westentasche. Es sei sein Revier. Während er prahlt, mich und das halbe

Flugzeug mit seiner Lebensgeschichte langweilt, schaue ich aus dem Fenster, stelle mir meine italienische Bestie vor. Auf Knien und voller Demut. So vergeht der Flug wie im … wie nichts.

Kurz bevor ich in ein Taxi steige, spüre ich eine Hand auf meiner Schulter. Der Windhund hält mir seine Visitenkarte hin. Auf der Rückseite hat er den Namen seines Hotels vermerkt und ein »Call me« hinzugefügt. Durch die Sonnenbrille schaue ich ihn verachtend an, gebe dem Taxifahrer einen Hinweis, dass er fahren kann. Manche Männer verstehen wirklich rein gar nichts von Frauen. Kaum ist dieser Gedanke über die Klippe meines Bewusstseins gestolpert, erreicht mich eine SMS und mit ihr ein ungutes Gefühl. Weibliche Intuition ist nicht zu unterschätzen. Auch dies ist eine Sache, die sich Männer merken sollten. Tatsächlich. Die Nachrichten sind alles andere als gut. Adriano muss länger arbeiten als gedacht. Das bedeutet: ein weiterer Tag voller Sehnsucht. Außerdem: warten im Hotel. Ich und warten? Was hat er sich nur dabei gedacht? Mich lässt man nicht warten, oh nein!

Das Hotelzimmer hält, was es in seiner Beschreibung verspricht. Ich drehe die Klimaanlage höher, bis es fast zu kühl ist. Wer nimmt schon gern ein heißes Bad bei diesen Temperaturen? Draußen ist Hochsommer. Da muss man sich eben seinen eigenen Regentag schaffen. In mir ist ohnehin schon Herbst, dank Adriano. Schnell die Jalousien runter, die Sonne ist eine Lügnerin. Die Entspannung bleibt aus, selbst in der Wanne. Auch die Blubberfunktion der Zwei-Personen-Wanne macht es nicht besser. Wo bleibt mein Sklave mit dem Champagner? Der Zimmerservice ist schnell. Zu meiner Enttäuschung ist es kein Mann, der mir den Kübel vor die Wanne schiebt. Zu gern hätte ich ihn in Verlegenheit gebracht. Trinkgeld habe ich auch keines griffbereit. Das ist peinlich und bloß Adrianos Schuld.

Nach dem Bad ist vor dem Bad. Unten ist ein Wellnessbereich. Im Pool drehe ich meine Runden. Alle glotzen sie. Keiner dabei, der auch mein Auge beglücken könnte. Wie unerfreulich. Langweilig.

An der Bar trinke ich einen Cocktail. Lecker, aber langweilig. Die Sauna, viel zu warm, zudem langweilig.

Wieder im Hotelzimmer. Ich zappe mich durch die Kanäle, langweilig. Es reicht. Aus meiner Handtasche ziehe ich die Visitenkarte. Der Windhund könnte mir vielleicht noch nützlich werden. Besonders überrascht klingt er nicht, als ich ihn an der Strippe habe. Selbstgefälliger Affe.

Der Taxifahrer bringt mich zu seinem Hotel. Meine Wut ist grenzenlos. Wohin damit? Er öffnet die Zimmertür, ich schiebe ihn hinein, werfe ihn aufs Bett. »Nicht so stürmisch«, mahnt er. Was kümmern mich seine Worte, solange sein Schwanz steht. Denn das tut er. Oder besser gesagt sein Schwänzchen. Das erklärt einiges. Leider nimmt mir der Anblick seines kleinen Freundes augenblicklich die Lust. »Nimm ihn in den Mund!« Wohl zu Scherzen aufgelegt, was? Meine Schenkel rahmen sein Gesicht. Ich rutsche höher, spüre seine Zunge kämpfen, höre ihn röcheln. Irgendwann wird es ihm zu viel. Zwei kräftige Arme heben mich zur Seite, er rollt sich aus meiner Umklammerung. »Baby, sachte sachte …« Das wars, denke ich und gehe. Was glaubt der eigentlich, wen er hier vor sich hat? Baby? Ich bin eine Dame von Welt. Draußen schlägt mir die Hitze ins Gesicht. Wie hieß noch mal mein Hotel? Verdammt! Vorhin wusste ich es noch. In diesem Moment klingelt mein Handy. Mein Retter, Adriano. Endlich. Doch meine Freude sollte ich verstecken. Meine verwegene Stimme erklärt ihm, dass er an diesem Abend kaum noch erwünscht ist, da ich mich bereits anderweitig nach *la dolce vita* umgesehen habe, mit Erfolg.

Kurz ist Stille in der Leitung. Mir ist klar, dass ich hoch pokere. Ich befinde mich in einem fremden Land, habe den Namen meines Hotels vergessen. In meiner Handtasche, befinden sich neben Lippenstift und Gaffer-Tape bloß 20 Euro. Adriano ist mir nur in meinen Fantasien vertraut, ansonsten ist er ein Fremder, dessen Reaktion ich kaum einzuschätzen vermag. Doch ich vertraue auf meine Erfahrung in Sachen Männererziehung. Was ich nicht bedacht habe, ist die Tatsache, dass ich es hier mit einem echten Römer zu tun habe. Vollblutitaliener. Ein deutscher Sklave hätte an dieser Stelle sicher um Vergebung gebettelt. Langweilig. Meinem Römer aber brennen die Sicherungen durch, allesamt.

Zum ersten Mal seit meiner Teenagerzeit werde ich Teil einer dramatischen Inszenierung. Am anderen Ende der Leitung wird geflucht und geschimpft. Mal auf Italienisch, was mir die Knie weich werden lässt, dann wieder auf Englisch, was mich zum Schmunzeln bringt.

Mit deutscher Gelassenheit halte ich dagegen, erkläre ihm, dass er sich beeilen sollte, denn sonst zahlt ein anderer Mann meinen Drink. Nach diesem Kommentar höre ich es leider nur noch Knacken in der Leitung. Aufgelegt. Er hat einfach aufgelegt. Wütend wähle ich seine Nummer. Kurz nimmt er ab. Ich erkläre ihm, wo ich bin, sage den Namen des Hotels, auch die Straße, in der ich mich befinde: »Via Veneto, close to Harry's Bar.«

»Never heard of it.« Sagt er, legt wieder auf. Mir ist klar, dass er lügt. Diese Straße ist eine der berühmtesten in ganz Rom. Das weiß ich nicht nur, weil der Windhund darüber erzählt hat. Was ist nur los mit den römischen Subs. Die spinnen doch, die Römer. Vielleicht sollte ich meine Drohung wahr machen, mir irgendwo einen Cocktail spendieren lassen. Sicher findet sich irgendwo ein Tourist, der nur auf eine Frau wie mich wartet.

Ich gehe die Straße entlang, schaue mich um. Niemand, der infrage käme. Mein Handy klingelt. Es ist der Römer. Als ich rangehe, schweige ich. Seine Stimme klingt ruhiger, als er sagt: »Are you sitting in a bar right now? Which one?« Na bitte, es geht doch. Mein Lob behalte ich für mich. »Why should I tell you?«

»I will pick you up.«

»I have a lot of fun without you, thanks.« Weshalb ich das Spiel wieder aufnehme, ist mir selbst nicht ganz klar. Neben mir lärmt ein Auto, hupt. »You dont look like fun«, sagt er. Wieder hupt jemand. Mein Kopf macht eine Drehung, mein Körper zieht mit. Da sitzt er, am Steuer seines Wagens. Erwischt, denke ich. »I got you!« bestätigt er. Wütend steige ich in den Wagen.

Auf dem Weg ins Hotel fühle ich mich schrecklich. Zeigen würde ich dies selbstverständlich nicht. Im Hotelzimmer befehle ich meinem Römer, mich auszuziehen, aufs Bett zu tragen und zu ficken. Dass dies nichts mit SM zu tun hat, bemerkt er nicht. Anscheinend ist er flexibel. Ein Punkt für Italien. Hinterher wiegt er mich in seinen Armen und sich in Sicherheit. Doch ich fange gerade erst an. Der Orgasmus hat meinen Kopf freigemacht fürs Wesentliche. An seinem schönen Haar zerre ich ihn ins Bad. Dort fixiere ich ihn an der Heizung. Gaffer sei Dank, ist dies kein Problem. Endlich kann ich meiner Bestimmung freien Lauf lassen. Mein römisches Tierchen gibt Schnaufgeräusche von sich, bei jedem Hieb, den ich ihm versetze. Ein Feuerwerk der Emotionen, schillernd und unmittelbar. Genau *das* ist *la dolce vita*. Schließlich brechen Tränen aus seinen Augen. Doch auch hierfür bin ich gerüstet. Den Lippenstift gezückt, male ich ihm eine lachende Schnute über den Mund. Ich sag ja, eine Frau sollte immer zwei Dinge bei sich tragen: Lippenstift und Gaffer-Tape.

30. ERLEBNIS

Nie wieder
Medium

Birgit (34), Kundenberaterin, Berlin,
über Heiko (40), Bankangestellter, Berlin

Trüge er keinen Bart, wäre er fast niedlich. Darunter verbirgt sich ein Bubi, das sehe ich genau. Der Bart macht ihn bodenständig, was er ja ist. Zweifelsohne. Ganz unnahbar, hält er den Blick, ohne mich zu fixieren. Keinerlei Verherrlichung meiner Person. Angenehm. Nicht grundlos sitzen wir hier, lernen einander kennen auf Augenhöhe. Vanillatalk, mit einer Stino-Kirsche versehen. Erfrischend anders.

Normal sein, solide werden. Keine Suche mehr nach sexueller Identität. Keine Männer mehr, die mir ihren Anus wie einen Strauß Blumen entgegenstrecken. Lange genug habe ich Wangen gefärbt, Schwänze abgebunden, Striemen erzeugt, Wünsche erfüllt eben. Immer bestrebt, SSC* zu bleiben. »Machen Sie sich doch mal frei!«

Das ist vorbei. Für mich soll es rote Rosen regnen. Meinetwegen dürfen sie ruhig von der Tanke sein, mal eben mitgenommen, auf dem Weg nach Hause. Nach Hause. Da wäre ich gern. Aber wo ist das? In der Szene war ich eine Zeit lang zu Hause, dachte ich. Männer zu Füßen, zu viele. Den Wald vor lauter Bäumen nicht mehr sehen. Bäume, Verästelungen, ein Netzwerk der Perversen erstreckt sich quer durch Deutschland. Lange habe ich meine Kontakte genutzt, habe Reisen unternommen auf Kosten meiner Untergebenen. Das ist vorbei. Ich will es so. Keine gierigen Gesichter mehr. »Oh, bitte nehmen Sie doch Platz.« Nie mehr Diva sein, nie mehr die grausame Schöne, die Unnahbare, die Mutter. Viel zu oft war ich die Mutter. Was hingen sie an meinen Brüsten, dem Rockzipfel – die Bengel. Was haben sie geweint und Schutz gesucht in meinen Armen. Ihren Schwanz in der Hand, meine Nippel im Mund, gierig und voller Erwartungen.

Augenhöhe, wie sehr ich mich danach sehne. Turnschuhe tragen, keine Mörderabsätze. Freunde treffen ohne sexuellen Kontext. Ge-

---

* »Safe, sane, consensual (SSC) und risk-aware consensual kink (RACK) sind zwei unterschiedliche Konzepte innerhalb des BDSM, um bei potenziell risikobehafteten Aktivitäten Einvernehmlichkeit zwischen den Beteiligten sicherzustellen und damit die verwendeten Praktiken von strafbarer sexueller Gewalt klar abzugrenzen.« (http://de.wikipedia.org/wiki/Safe,_Sane,_Consensual)

spräche führen, Diskussionen *oberhalb* der Gürtellinie. Über Politik reden, ohne den Politikern bizarre Neigungen zu unterstellen. Überhaupt mal wieder frei sein von sexuellen Zwängen. Den Kochlöffel Kochlöffel sein lassen, statt ihn auf unartigen Ärschen zu zerbrechen. Einfach mal sitzen bleiben nach dem Essen, 'nen Knopf öffnen, rülpsen und sagen: »Mann bin ich voll!« Statt: »Beim nächsten Mal bitte etwas weniger Salz! Außerdem war das Steak nur Medium, dabei wollte ich es blutig.« Keine flinke Zunge, die sich das Dessert unterm Tisch holt. Kein »Mistress, Fürstin, Herrin, Königin, Göttin …« Kein sabberndes Haustier ohne Fell. Sollen die Böden doch versiffen, ich zahle gern dafür oder mache es selbst. Der Dreck unter meinen Sohlen gehört mir allein. Jungs, wischt von nun an die Böden derer, die es nötig haben. Ich bin raus!

»Was macht du denn so in deiner Freizeit?«, will er wissen. Ne gute Frage. Natürlich könnte ich ihm erzählen, was ich bisher getrieben habe. Aber dann wäre das Date binnen Sekunden vorbei, seine soliden Grundsätze erschüttert. Er würde sich nach meinen Beweggründen fragen, sich Fragen stellen, auf deren Antwort ich selbst nie gekommen bin. Meine Schuhsammlung könnte ich ansprechen. Die ist entschuldbar. Bevor er mich besuchen kommt, muss ich noch einiges ändern. Die Bondagebilder an den Wänden, die Reitgerten im Schirmständer, die Haken an Wand und Zimmerdecke. Die Liebesschaukel, ja selbst den Inhalt meines Kleiderschranks. Wohin mit all dem Kram? Wohin mit einem ganzen Leben?

»Gehen wir zu dir?«, stelle ich schnell eine Gegenfrage. Nun guckt er irritiert. »Zu mir? So schnell? Wollen wir uns nicht erst mal auf neutralem Boden kennenlernen?« Meinetwegen. »Gehst du gern aus?«, frage ich. Er zählt ein paar Clubs auf, schaut mich an, als wüsste ich, wovon er spricht. Ich nicke. Dabei kenne ich keinen dieser Läden. »Und du so?« Überlegen muss ich nicht lange. So einiges habe ich auf der Zunge. Das Equipage zum Beispiel. Am liebsten bin ich dort zu Sklavenversteigerung. Dann die Kunst- und Sünde-Party im Insomnia. Nicht zu vergessen der Fetischball. Einmal im Monat Salon Noir, zweimal die Woche Gargoyle. Doch was ich sage, ist: »Ich geh eigentlich nicht aus. Bin wohl zu alt dafür.« Wohl keine gute Antwort. »Nie? Auch nicht in irgendwelche Bars oder so?« Schnell sage ich den Namen irgendeiner Bar, in der ich vor Jahren durch Zufall gewesen bin. »Die gibt es seit Ewigkeiten nicht mehr«, sagt er. »Oh, okay. Sag ich ja, ich gehe nicht mehr aus.« Er nickt verhalten. »Machst du Sport oder so?« Ob ich ihm von den Burlesque-Stunden erzählen sollte? Die waren schweißtreibender als ein Marathon. »Nein«, sage ich. »Okay!« gibt er verwundert zurück, zählt eigene Aktivitäten auf. Joggen, Tennis und einmal die Woche Squash. Im Winter fährt er Ski, im Sommer geht er segeln. Der Klassiker.

»Einen Tennisschläger habe ich auch« entfährt es mir. »Tatsächlich? Aber du spielst nicht?« Hätte ich bloß nichts gesagt. Schnell improvisiere ich, entsinne mich eines Films: »Damit kann man lustige Muster mit einem Bügeleisen auf einen Toast brennen.« Verdammt, ich habs verbockt. Zwar lacht er, aber sieht mich dennoch schief an. »Ich hab irgendwie ein komisches Gefühl bei dir. Als würdest du mir was verheimlichen.«

»Quatsch!« So langsam werde ich ungeduldig. Können wir nicht mal zum Punkt kommen? Dieses unnötige Gequatsche bei Vanillas ist doch absurd. Ob er einen großen Schwanz hat? »Wollen wir nicht lieber doch zu dir fahren? Vielleicht liegt es an diesem Kaffee hier«, versuche ich ihm eine Erklärung zu geben. Endlich lässt er sich drauf ein.

Mit seinem Auto fahren wir nach Charlottenburg. In der Wohnung falle ich, noch bevor der Kaffee durch seine Maschine gelaufen ist, über ihn her. Sein Schwanz ist okay, wir vögeln ein bisschen. Er liegt auf mir, macht Verrenkungen auf meinem Körper. Ziemlich schnell fallen mir Dinge in seinem Raum auf. Schöne Wandfarbe. Das Bett knarrt ein bisschen, aber der Rahmen ist toll. Nirgends kann ich Ikea entdecken. Der Mann hat Stil. Irgendwas fehlt. Was war das doch gleich? Ach ja, der Sex ist ziemlich schlecht. Ist das überhaupt Sex? Kaum vorstellbar. So macht man höchstens Babys, aber keine Lust. So was machen die Leute in ihren Schlafzimmern? Über Jahre? Kein Wunder, dass man beim Psychologen bloß einen Platz in der Warteliste bekommt. Dem Mann muss geholfen werden. Der weiß ja gar nicht, was gut ist. »Warte mal, Süßer«, sage ich. Schwups, schon sitze ich auf seinem Gesicht. Nun ja, für den Anfang ganz okay, vielleicht etwas zu soft. »Du bist 'ne Drecksau«, murmelt er mit vollem Mund. Tja, du nicht, denke ich, ziehe an seinem Bart. Er schreit, schlägt meine Hand weg. »Au, das tat weh.« Gelangweilt drehe ich mich weg. Die Lust ist mir vergangen. »Hol mir meine Schuhe«, sage ich. Er gehorcht, holt die Schuhe, setzt sich auf die Bettkante. »Was ist bloß los mit dir?«, fragt er. »Ach, weißt du«, sage ich, bevor ich die Haustür öffne, »ich kann nun mal nicht aus meiner Haut.«

Eine Woche später lasse ich mir ein blutiges Steak schmecken. Mein neuer Sklave ist ein ganz hervorragender Koch. Medium kommt für ihn nicht in Frage.

31. ERLEBNIS

Zeitreise

Fritz (38), Innenarchitekt, Berlin,
über Kreske (38), Hausfrau, irgendwo in Niedersachen

In der Luft, die Leichtigkeit vergangener Tage. Zeitreise. Ich bin angekommen, direkt in meiner Jugend. Auf diesen Treppenstufen zum Hauseingang haben wir gesessen, Kakao getrunken. Später dann Küstennebel, aus dem Schrank der Eltern geklaut. Dann wild geküsst, bis mir schwindelig wurde. Zungenküsse. Übung macht den Meister. Hinterher hat alles nach ihr gerochen. Wenn ich später nach Hause fuhr, immer etwas zu spät kam, Ärger kassierte, hatte ich sie bei mir – in der Nase. Selbst Fotos erfassen nicht, was Düfte vermögen. Die Nase ist nachtragend. Sie vergisst nichts, vergisst niemanden.

Nach Rotkohl hat sie gerochen. Süß-sauer irgendwie. Nur aussprechen durfte ich es nicht. Dafür hat sie mir ins Gesicht geboxt, gesagt, ich sei ein Lügner. Dabei mochte ich ihren Rotkohlduft. Mit blutiger Nase hab ich um Verzeihung gebeten, aber sie wollte nicht verzeihen, hat mich stehen lassen.

Am nächsten Tag wieder der Anruf: »Komm her, ich will dich küssen.« Lange konnte sie mir nicht böse sein. Meine Mutter wollte nicht glauben, dass ich gegen einen Schrank gelaufen war. Hausarrest hatte sie mir erteilt. Auch sie nannte mich einen Lügner. »Du bist ihr Gefangener«, sagte Kreske. Das hat mir gefallen aus ihrem Mund. »Vielleicht sperrt sie dich beim nächsten Mal in den Keller. Verdient hast du es ja, du Lügner.« Wie leicht ihr diese Gemeinheiten über die Lippe gingen.

An diesem Nachmittag in meinem Zimmer stellte ich mir vor, wie ich in einem Käfig saß, vor ihrem Hauseingang. Kreske stand barfuß auf der obersten Stufe, sodass ich nur die Buttermilchhaut ihrer Beine sehen konnte, bis zu den Knien. Von dort bewarf sie mich mit Dingen. In meiner Fantasie wechselten sich Papierkügelchen mit Kieselsteinen ab.

Das Haus ihrer Eltern habe ich größer in Erinnerung und moderner. Was damals prunkvoll wirkte, mit dicken Milchglasbausteinen am

Hauseingang, ist inzwischen ein hässlicher Siebzigerjahre-Bau. Auf den Wiesen meiner Kindheit stehen heute Doppelhaushälften aus rotem Klinker. Seltsam.

Kreske, den Namen gibt es nur einmal auf der ganzen Welt. Ganz sicher. Wer heißt schon Kreske, außer ihr? Eine Kreske ist blond, mit Sommersprossen. Sie hat eine Narbe auf der Stirn, ganz klein nur, direkt über der Braue. Schmollmund, die untere Lippe etwas voller als die obere. Nervöses Plinkern mit den Augen, wenn sie spricht. Abgekaute Fingernägel, etwas roter Lack darauf. Wie Marienkäfer, die auf den Fingerspitzen Platz genommen haben. Und immer diese Clogs. Schwedische Schuhe mit dicken Holzabsätzen. Damit ist sie über die Straßen meiner Kindheit gebollert, war nicht zu überhören. Unflexible harte Absätze. Tritte vors Schienbein waren ihre Spezialität. Wenn ihr etwas nicht passte, oder eben einfach, weil ihr gerade danach war, trat sie zu.

Ein Hund bellt in der Ferne, als ich die Tür zum Vorgarten öffne. Ob ihre Eltern noch immer hier leben? Schon seltsam, dass nie jemand was mitbekommen hat. Im Grunde haben wir ja selbst nicht mitbekommen, dass unsere Spiele nicht normal waren. Wie oft sie mich samt Kleidung in die Wanne gezerrt hat, weil sie meine Zeit stoppen wollte. Tauchen sollte ich für Kreske. Mit einer Stoppuhr stand sie daneben. Sobald ich versuchte, vor meiner Bestzeit aufzutauchen, drückte sie meinen Kopf unter Wasser. Beide Hände stemmte sie auf meinen Schädel, bis sie zufrieden war. Das war sie nicht oft, zufrieden. Im Gegenteil. All mein Glück hing am unsteten Faden ihrer Zufriedenheit. »Das muss besser werden«, sagte sie, während ich keuchend über dem Badewannenrand nach Luft rang.

Es ist kalt, aber der Winter schneelos bisher. Moos wuchert hartnäckig in den Ecken der Treppe zum Eingang. Dieses pelzige Zeug. Aus den Ritzen hat sie es gepult, dann gestreichelt. Im Grunde habe ich bloß danebengesessen, auf ihre Clogs geschielt und mich gefragt, ob ich je ein Mädchen ohne diese Dinger an den Füßen lieben könnte. Die Antwort darauf habe ich nie erhalten. Noch immer lautet sie: vielleicht. Denn die Hoffnung geht ja bekanntlich als Letztes stiften.

Mein Herz macht einen Satz, pumpt gegen meinen Brustkorb. An der Klingel – noch immer der Familienname. Wer hätte das gedacht. Eine Lichterkette schmückt die Tür. Neben dem Eingangsbereich steht ein Adventskranz, alle Kerzen brennen. Mein Finger sucht die Klingel. Drinnen tut sich etwas. Durch die Milchglassteine dringt Licht, eine Person bewegt sich zur Tür, öffnet. »Ja bitte?« Ein alter Mann in Pullunder und Wollhosen steht vor mir. Ihr Vater. »Hallo und frohe Weihnachten. Ich hoffe ich komme nicht ungelegen. Ich bin ein alter Freund ihrer Tochter.« Der Mann legt den Kopf schief, betrachtet mich eine Weile angestrengt. »Ja, du bist dieser Bengel aus der Nachbarschaft. Das mit deinen Eltern tut mir leid.« Ein Bengel von 38 Jahren, ja. Immerhin hat er mich erkannt. »Kreske ist oben. Sie ist gestern angekommen. Seid ihr verabredet?« Die Antwort bleibt in meiner Kehle stecken. Ich wollte doch nur schauen, ob das Haus noch steht. Nur schauen, nicht klingeln. Alles entgleitet mir. Der Vater ruft nach ihr. Kreske, dieser Name aus einem anderen Mund: Kreske.

Da ist er, der Moment, auf den ich seit Jahren hoffe. Plötzlich da. Das Knarren der Treppe, wie früher. Sie poltert, trägt sicher ihre Clogs. Natürlich. Was denn sonst? Schließlich sehe ich sie. Lächelnd kommt sie auf mich zu. »Na das ist ja mal eine Überraschung.« Mein erster Blick geht zu ihren Füßen. Keine Clogs, bloß gewöhnliche Ballerinas. »Fritz! Was machst du denn hier? Ich hab das mit deinen Eltern gehört. Tut mir leid für dich. Lebst du noch immer in München?« Aufgeregt plinkert sie mit den Augen, die inzwischen ein paar Falten werfen. Ich könnte erzählen, dass ich seit Jahren schon in Berlin lebe, dass ich mein Studium in München nach nur sechs Monaten abgebrochen habe. Stattdessen nicke ich nur. »Komm doch rein«, sagt sie.

Im Wohnzimmer hat sich nicht viel verändert. Alles sieht aus wie damals, riecht auch so. Ich schaue mich um, entdecke einen Käfig.

»Du hast noch immer Meerschweinchen?« Ihr Lächeln schaltet endgültig meinen Verstand aus. Mein Blick haftet an ihr, fährt hinauf, hinab. Ihre Sommersprossen sind weniger geworden. Womöglich unter einer Schicht Make-up verschwunden. Die Narbe aber ist geblieben. »Nein«, sagt sie. »Die Meerschweinchen gehören meiner Tochter.« Sie ruft einen Namen: »Adele.« Ob ihr klar ist, dass sie Kinder mit solchen Namen früher vors Schienbein getreten hat? Ist das Einzige, was ich denke. Adele biegt um die Ecke. »Das ist Fritz, ein alter Freund von Mama. Wir haben früher ganz viel gespielt, als wir in deinem Alter waren.« Und danach auch noch, will ich sagen. Die Göre ist doch höchstens sieben. Weißt du denn nicht mehr? Wir haben »gespielt«, bis wir 16 waren. Danach hat mein Vater diesen Job in Kiel angenommen und wir sind weggezogen. Zu jung, um zu bleiben. Zu verliebt, um zu verstehen. »Freut mich«, murmle ich, halte ihr die Hand hin. Adele streckt mir die Zunge raus und läuft davon. »Der Apfel fällt nicht weit vom Stamm«, lache ich. Kreske zieht die Stirn in Falten. Das tut sie immer, wenn sie denkt. »Wie gehts dir?«, frage ich, bevor die Stille uns verlegen macht. »Gut, also … ja … wirklich«, gibt sie zurück. »Du trägst keine Clogs mehr.« Nun lacht sie. »Oje, diese klobigen Dinger. Dass ich mir damit nie den Hals gebrochen habe, ist ein Wunder.«

»Ich mochte sie«, sage ich traurig. Wieder Stille, dieses Mal hat sie uns. »Du Fritz, ich will nicht unhöflich sein, aber mein Mann kommt bald und wir müssen noch den Baum schmücken«, lässt sie mich wissen. Auf dem Weg zur Tür schaue ich auf ihren Hintern. Ganz schön dick ist sie geworden.

»Also dann«, sagt sie. »War nett.« Flüchtig umarmt sie mich, aber lange genug für mich, um sie zu riechen. Sofort sehe ich uns auf den Treppen vor ihrem Haus sitzen, damals. Wir küssen, trinken Kakao und Küstennebel. Ich bin ihr Gefangener, werde es immer sein. Die Tür schließt sich. Was bleibt, ist Rotkohl.

Ein junges Ding

Lilly (23), Studentin, Berlin,
über Matthias (52) Geschäftsmann, Düsseldorf

Ein wilder Sommer lag hinter uns. Ein Sommer, der nach Champagner roch, nach Kokosöl und Leberwurstbroten. Im Auto durch Deutschland. Nur er und ich. Einfach losgefahren sind wir. Als hätte das Leben keinerlei Verpflichtungen. Sogar meinen Sommerjob im Biergarten hatte ich geschmissen. Dabei hatte der mich in den letzten Jahren immer bis zum Herbst gebracht, sorgenfrei. Kopflos waren wir, ohne Ziel. Und kannten uns gerade mal eine Woche. »Pack deine Koffer«, hat er gesagt. Für ihn muss es damals wie ein Wunder gewesen sein. Sein zweiter Frühling oder so. Ein junges Ding wie ich, das war ihm vorher nie begegnet. Vor zwanzig Jahren vielleicht, aber da war er ja selbst noch grün hinter den Ohren.

Neben ihm fühlte ich mich lebendig. Die Sicherheit, die sein Auftreten, sein Lebensstil versprachen, weckte in mir eine abgedrehte Seite. Ganz egal, was wir taten, ständig hatte ich das Gefühl, die Situation vollends ausschlachten zu müssen. Ich war rastlos, immer voller Adrenalin, so schien es. Es war, als wollte ich damit verhindern, dass es ihm langweilig würde mit mir, mit einem jungen Ding wie mir. Fuhren wir stundenlang auf der Autobahn, sang ich Lieder, spielte an meinen Nippeln, hob meinen Rock und zeigte meine Möse. Mal tauchte ich einen Finger hinein, ließ ihn kosten. Ein anderes Mal öffnete ich seine Hose, befriedigte ihn oral. Ich schluckte sein Sperma, verkündete, wie gern ich ihn trank, schmiegte mich an ihn, schnurrte wie eine läufige Katze. Machten wir Pause, holte ich seine Zigaretten, zündete uns beiden eine an, versorgte ihn mit Getränken. Ich tat all die Dinge, die ich mich bei Männern in meinem Alter nie getraut hatte, aus Angst, sie würden mich nicht für voll nehmen. Bei ihm war es genau umgekehrt.

T. war nicht daran interessiert, was für Partys ich besuchte, mein Musikgeschmack war zweitrangig und Identitätsprobleme hatte er bereits in seinen Vierzigern hinter sich gelassen. Er war ein Mann, gestanden. Die meiste Zeit war ich es, die erzählte. Von Dingen die ich erlebt hatte, erleben wollte. Von Nächten mit anderen, den jungen Kerlen. »Im Vergleich zu dir«, sagte ich, »waren das alles nur

Testläufer, Blindgänger, du weißt schon …« Er wusste. Er wusste so gut, was ich meinte, dass es mich ab und an gruselte. Ein junges Ding wie ich, mit einem Mann, der mein Vater hätte sein können. Doch daran dachten wir nicht. Zu keiner Zeit. Zumindest ich nicht.

Wasser sei mein Element, erzählte ich. Und dass Urlaub ohne das Meer kein richtiger Urlaub wäre. Daraufhin fuhr er mich in die Berge. »Du musst lernen, dass das Leben mehr zu bieten hat als das, was dich deine Vorstellung glauben macht.« In einer kleinen Berghüte waren wir untergekommen, irgendwo in Bayern. Die Berge scheuchte er mich hoch. Begeistert war ich anfangs nicht, murrte und knurrte. Irgendwann lag er dann direkt vor mir: mein erster Bergsee. »Worauf wartest du? Zieh dich aus und spring rein, er ist für dich.« So war T. Nach jeder Lektion gab es eine unerwartete Belohnung.

Nach zwei Tagen reisten wir wieder ab, fuhren quer durch die Bundesrepublik und waren plötzlich in Hamburg. In einem der Sexshops auf der Reeperbahn kaufte er eine Gerte. Meine Augen begannen zu leuchten. Dass unsere Konstellation in vielerlei Hinsicht ungewöhnlich war, wussten wir. Aber Macht- und Ohnmachtsfantasien brachten wir beide von vornherein mit. Vielleicht war dies auch schon das ganze Geheimnis, was uns verband. Ohne dieses Bewusstsein hätte unsere Reise vielleicht niemals stattgefunden. Die Gerte fand nicht sofort zu ihrer Bestimmung. Voller Sehnsucht nach ihr, musste ich weitere fünf Tage warten. »Ich solle mich gedulden«, sagte er. Die Leichtigkeit, die mich zu Beginn so ungestüm hatte werden lassen, war einer stummen Hingabe gewichen. Meine Möse und andere Körperteile präsentierte ich nur noch, wenn er danach verlangte. Mein gesamter Tagesablauf hing an seinen Entscheidungen. Er bestimmte, wann ich zu essen, zu schlafen, zu sprechen, zu ficken und zu scheißen hatte.

Kurz bevor wir uns von Hamburg auf den Weg nach Grömitz begaben, gab er mir eine 1,5-Liter-Flasche Wasser. »Trink«, sagte er, und ich trank. Nach fünfzehn Minuten war die Flasche leer und T.

war zufrieden. Nach weiteren zwanzig Minuten meldete sich meine Blase. Doch T. hatte nicht vor anzuhalten. So musste ich aushalten, spüren, wie mein Unterleib anschwoll wie der einer Schwangeren im vierten Monat. Es schmerzte und zwickte. Jede Minuten zählte. Ich flehte ihn an, mich aufs Klo gehen zu lassen, doch T. war unerbittlich. Kurz vor Grömitz, am Rande einer Landstraße, hielt er plötzlich an. Etwas da draußen hatte seine Aufmerksamkeit auf sich gezogen. Die Nachmittagssonne brannte vom Himmel, nahm mir die Sicht. T., der stets eine Sonnenbrille trug, starrte auf etwas in der Ferne, nickte, murmelte unverständlich in seinen Bart. Aus dem Kofferraum holte er die Augenbinde. Auf unseren Fahrten hatte ich sie des Öfteren tragen müssen. Dann interviewte er mich, tat mir weh oder schob Gegenstände, die ich weder sehen noch deuten konnte, in meine Vagina. Nun aber, da meine Blase kurz vor einer Detonation stand, gefiel mir die Tatsache, blind sein zu müssen, gar nicht. Entschlossen trat T. aufs Gaspedal, nahm Kurs auf sein Ziel. Nur wenige Minuten später parkte er in einer Seitengasse. Zumindest nahm ich an dies an, ich sah ja nichts.

Er half mir aus dem Wagen. Ich hörte, wie er den Kofferraum öffnete, etwas herausholte, ihn dann wieder schloss. Mit der Hand in meinem Nacken schob er mich vor sich her. Bisher hatte ich ihm in jeder Minute blind vertraut. In diesem Moment aber hinderte mich mein Kopf daran. Gedanken stiegen empor, wilde Mutmaßungen, Fantasien, die grausig waren. Selbst logische Gedanken halfen mir nicht über meine Angst hinweg. Ich kannte T. nicht wirklich. Eine Reise, nur eine Reise lang kannte ich ihn. Mir fiel auf, dass ich niemals Fragen gestellt hatte. Zum Teil sogar bewusst, weil Alltägliches zwischen uns nichts verloren hatte. Mit Ausnahme meiner Mitbewohnerin wusste niemand, dass ich Berlin verlassen hatte. Mit wem – kein Mensch.

Ständig sollte ich einen Schritt machen, über diverse Gegenstände, die den Weg versperrten. »Bleib stehen«, sagte er. Das Geräusch kannte ich. Er machte Fotos. Von mir? Kerzengerade versuchte ich zu stehen, Haltung anzunehmen, um nicht wie ein Häuflein Elend zu wirken. Wo waren wir bloß? Die Beschaffenheit des Bodens veränderte sich. Es wurde schattig, wir mussten einen Raum betreten haben, ohne Tür. Ein verlassenes Haus vielleicht? Mein Unterleib war prall und rund. Doch aufgrund der vielen Eindrücke, der Konzentration auf meine restlichen Sinne war der Harndrang ins Abseits gerückt. Jetzt, da wir aus der Sonne raus waren, es kühler wurde, in der Luft ein seltsam chemischer Geruch, ging es von vorn los. »Ich muss so dringend«, jammerte ich. »Halts Maul!«

Kurz zuckte ich zusammen. Auf diese Weise hatte er nie mit mir gesprochen. Irgendwann blieben wir stehen. Meine Arme drehte er auf den Rücken, begann mich zu fesseln. Das kannte ich bereits. In den vielen Hotels in denen wir unsere Nächte verbracht hatten, war ich oft gefesselt gewesen. Meisten auf dem Bett. Weich und komfortabel. Niemals aber mit diesem beißenden Geruch in der Nase, im Stehen schon gar nicht und dann auch noch blind. Tränen stiegen mir in die Augen. Ich musste pinkeln, konnte es kaum noch aufhalten. T. stöhnte. Nicht aus Lust, sondern aus Anstrengung. Anscheinend war er irgendwo hinaufgeklettert. Die Fesseln an meinen Armen spannten sich, hoben meine Arme hinterm Rücken in die Luft, bis es schmerzte. »Geht es so?«, fragte er. »Ich muss mal«, antwortete ich. »Tu dir keinen Zwang an.«

Da war sie: seine Erlaubnis. Alles in mir sträubte sich. Doch mein Körper folgte seinen Worten. Es lief aus mir heraus, die Beine entlang, in die Ledersandalen. Schon bald stand ich inmitten einer großen Pfütze, irgendwo im Nirgendwo. Dann: Stille. Mein Körper kam zur Ruhe und mit ihm auch meine Gedanken. Auch T. machte keinen Mucks, nicht einmal als ich seinen Namen rief. Nach einer Weile vernahm ich seine Schritte. Schritte, die sich entfernten. Wieder rief ich nach ihm, wieder keine Antwort. T. war gegangen und mich hatte er einfach hier zurückgelassen. Die nackte Angst kroch über meinen Körper. Schweißausbruch, das Herz am Hals. Eine ganze Weile stand ich dort, versuchte, mich zu ordnen, einen klaren

Gedanken zu fassen. An den beißenden Geruch hatte sich meine Nase allmählich gewöhnt. Plötzlich vernahm ich ein Geräusch. Schritte, jemand lief davon, etwas stürzte zu Boden, zerschlug. Was war da los? »Hallo?«, hörte ich mich rufen.

»Um Gottes willen«, rief es zurück. Es war die Stimme einer Frau. Nun verstand ich gar nichts mehr. Aus Hilflosigkeit rief ich nach T. Keine Antwort. Wenig später näherten sich Schritte, mehr als eine Person. Finger in meinem Gesicht, die Augenbinde runter. Es wurde hell, zu hell, um direkt etwas zu erkennen. Eine Frau stand vor mir. Zeitgleich stieg hinter mir jemand auf eine Art Theke. Ich befand mich in einem Gebäude, die Wände allesamt schwarz, verbrannt. Womöglich war dies früher mal eine Kneipe gewesen. Meine Arme sanken zum Körper, die Dame half mir, die Hände zu befreien. »Du liebe Zeit«, entfuhr es ihr. Sie muss ungefähr in T.s Alter gewesen sein. »Was hat man Ihnen bloß angetan?« Ich winkte ab, erklärte, dass es sich um ein Spiel handelte. Der Mann, anscheinend ihr Partner, schüttelte den Kopf. »Wir bringen Sie zur Polizei.« Wieder beteuerte ich, dass es sich um ein Spiel handelte und T., mein Partner, sicher gleich wieder da sein würde.

Doch sie glaubten mir kein Wort, faselten etwas von einem Stockholm-Syndrom. Die Sonne stand viel tiefer, als ich den beiden nach draußen folgte. Ich war sicher, dass T. noch irgendwo sein musste, schaute mich um. Erst dann sah ich, in welcher Art Gebäude ich mich befunden hatte. Es waren die Reste einer abgebrannten Mühle, deren schwarzes Skelett trotz Nachmittagssonne gespenstisch wirkte.

Das Pärchen riss mich aus meinen Gedanken. »Kommen Sie, wir haben Wasser im Auto. Sie müssen was trinken.« Sie gingen vor, aber nicht, ohne sich alle paar Sekunden umzudrehen. Ich stieg über Gegenstände am Boden. Verbrannte Holzbalken, zerbrochene Pappteller, Glas, Dosenbier, Zigarettenstummel. Anscheinend war dies ein beliebter Ort für Jugendliche, die sich hier trafen, um abzuhängen und Bier zu trinken.

T. musste noch da sein. Das Auto stand direkt neben dem meiner vermeintlichen Retter. Ich rief seinen Namen. Nichts. Bloß verständnislose Blicke. »Steigen Sie ein.« Schweiß und Urin klebten meine Beine aneinander. Wie von Geisterhand ging die Fahrertür von T.s Wagen auf. Noch bevor das Ehepaar etwas sagen konnte, saß ich im Wagen. Die Schlüssel steckten. T. hockte im Fußraum des Beifahrersitzes. »Fahr!«, flüsterte er. Nun wurde mir einiges klar. Vor lauter Lachen war ich kaum mehr imstande etwas zu sehen. Lachtränen versperrten meine Sicht. T. schrie mich an, aber ich konnte nicht mehr aufhören. Das Ehepaar stand reglos da. Im Rückenspiegel sah ich sie immer kleiner werden. Aber so klein wie T. in diesem Augenblick würden sie wohl niemals sein. Auch nach zehn Minuten Fahrt, ohne dass ein Wort zwischen uns gefallen war, kroch er noch nicht aus seinem Versteck. »Ich denke, du kannst jetzt rauskommen«, merkte ich an. T. gehorchte. Ganz geschafft sah er aus. Schuldig fühlte er sich, das konnte ich sehen. Womöglich nicht nur aufgrund dessen, dass man uns erwischt hatte. Irgendwie war er wohl erwacht.

Im nächsten Ort suchten wir uns ein Hotel. Ich duschte lange und ausgiebig. Als ich aus dem Bad kam, schlief er bereits. Am Tag darauf fuhr er mich heim. Im Internet suchte ich nach der Mühle bei Grömitz. Mich interessierte ihre Geschichte und weshalb sie abgebrannt war. Seltsamerweise waren alle Artikel darüber gelöscht worden. Einfach weg. Genau wie T. Ein junges Ding wie ich, das passte nicht in sein Leben. In meines hätte auch er nicht gepasst. Höchstens in einen Sommer. Ein Sommer, der nach Champagner roch, nach Kokosöl, Leberwurstbroten und auch nach verbranntem Holz und Pipi.

Die Szene ist ein Dorf oder: Wie das Schicksal uns zusammenführte

Berit (30), (1,85 Meter), Erziehungswissenschaftlerin, Bayern, und Hajo (31), (2,02 Meter), Informatiker, Berlin, darüber, wie sie sich kennenlernten

Sie: Große Mädchen haben nicht zwangsläufig große Träume. Meinem Traum war ich davongelaufen. Heiraten, Familie gründen, ein Leben ohne Sollbruchstelle und ohne mich, wie sich herausstellte. Die Braut hatte sich nicht getraut. Vorm Altar hatte sie gestanden, sich selbst dort gesehen, plötzlich die Zukunft vor Augen: brüllende Kinder, sich türmende Geschirrberge, der Gatte nie daheim. Hüftgold, die Brüste immer schwerer. Nein, diese Rolle war nichts für ein Mädchen wie mich. Ich lief davon. Mit meinen langen Beinen lief ich einem Mann in die Arme, der mich schlug. Dies war mein innigster Wunsch. Schon vor der geplanten Ehe waren meine Fantasien speziell gewesen. Mein Gatte in spe jedoch wog mich liebevoll in den Armen, vollzog den Beischlaf wie es sich gehörte – Blümchenliebe. Mein Ausbruch war vorprogrammiert.

Der Mann, der mich schlug, hatte keinen Namen. Für mich blieb er bloß Wunscherfüller, eine Figur am Rande des Weges zu mir selbst. Einmal forderte er mich auf, ihm Männer zu zeigen. Herren, die mich reizten und denen ich mich gern hingeben würde. In der SM-Community unseres Vertrauens begann ich Profile zu lesen, Bilder zu prüfen. Im Grunde hätte es jeder sein können. Keiner von ihnen interessierte mich wirklich. Gleichzeitig aber erfüllten sie alle die Voraussetzungen für unsere Zwecke: dominant, sadistisch und interessiert an dreckigen Spielen. Wenn da nicht dieses eine Profil gewesen wäre … Ein Mann mit echtem Profil. Kein Abziehbild, kein Klischee. Ein Mensch.

Er: In meinem Kopf gibt es nicht die eine Frau, die mein Leben rettet. Vieles ist möglich, dennoch nicht alles. SM ohne Sex funktioniert nicht, auch nicht Sex ohne SM. Das eine bedingt das andere. Sonst entsteht Langeweile, Sinnlosigkeit. Kein Spiel, sondern Wahrheit suche ich. Nicht die eine wahre, sondern Wahrheit in jeder einzelnen Seele. Deshalb meide ich jene, die bereits verloren sind. Davon gibt es einige in der Szene, so scheint es. Gerade erst heute schrieb mich einer an. Ein wildfremder Kerl aus Bayern. Ob ich Lust hätte, seine

Sklavin zu benutzen in seiner Anwesenheit. Mit meiner Körpergröße wäre ich prädestiniert für diesen Job. Was meine Körpergröße damit zu tun hatte, verstand ich nicht. Erst recht nicht, was diese Mail für einen Sinn hatte. Meine Damen suche ich mir gern selber aus. Dies antwortete ich ihm.

Sie: Der Mann, der mich schlug, hatte seinen Reiz verloren. Daran war er nicht ganz unschuldig, schließlich hatte er mich Profile suchen lassen, mir die große Auswahl Potenzieller gezeigt. Ein frivoles Schlaraffenland, dessen Eintrittskarte in mir wohnte: meine Neigung. Berlin meldete sich. Berlin war ein kleiner Mann, nicht größer als 1,70 Meter. Er sei dominant, zudem Fotograf und interessiert an einer devoten Riesin, einer wie mir. Die Riesin lag im Augen des Betrachters, doch ich folgte den Worten des Zwergs, der mich in seine Stadt lockte. Die Erinnerung im Kopf, dass ich dem schönen Mann, dessen Profil ich seit meiner Entdeckung täglich besuchte, ein Stück näher sein würde. Auch er wohnte in Berlin. Angeschrieben hatte ich ihn bis zu diesem Zeitpunkt nicht. Womöglich aufgrund der Angst vor einer zu hohen Erwartung.

Es war Sommer in Berlin, als der Zug in den Bahnhof einfuhr. Nur eine Stunde später lag ich mit verbundenen Augen über einem Bock, ließ mir von dem Zwerg den Hintern versohlen und langweilte mich ein wenig. Sein Name war Manuel.

Er: Die Sonne brannte mir in den Nacken. Ich wartete auf meine neue Entdeckung. Ein junges Mädchen, Anfang zwanzig. Eine Hündin wollte sie sein, aus dem Napf fressen, Bälle apportieren. Dann einen Dildo, den sie aus staubigen Ecken mit dem Mund aufhob, auf allen vieren, mir in die Hände legte. Ihr Körper war jung und schön, ihr Gesicht glich einer Puppe. Kein Wort hatten wir gewechselt, als ich sie schließlich fickte. Erschöpft kochte ich ihr einen Tee, da klingelte mein Handy. Ein Freund aus der Szene rief an. Er habe eine Frau bei sich, ein besonders großes Exemplar. Ich musste lachen, denn ich wusste, dass neben Manuel beinahe jede Frau groß erschien, sobald sie nur Schuhe mit Absätzen trug. Sein Fetisch für hohe Schuhe ließ ihn grundsätzlich schrumpfen. Er bat mich, ihm zu helfen, da das Miststück nicht müde zu kriegen war. Gelangweilt lehnte ich ab. Zum einen, weil eine andere Aufgabe auf meinem Wohnzimmerteppich wartete. Zum anderen, weil mir die Rolle der Aushilfskraft nicht stand.

Zurück im Wohnzimmer warf ich einen Blick hinter die Kulissen. Die Hündin und ich versuchten uns in einem Gespräch. Leider scheiterten wir kläglich aufgrund sehr unterschiedlicher politischer Ansichten. Ich hatte einen Nazi gefickt …

Sie: Zurück in Bayern musste ich feststellen, dass die Szene dort recht unaufregend war. Im Vergleich hatte Berlin weitaus mehr zu bieten. Dieses Wissen besaß ich dank Manuel, der mir ein lieber Freund geworden war. Als ungleiches Paar hatten wir für Aufsehen in der Szene gesorgt, einen ganzen Sommer lang. Stets ging mein Blick durch die Menschenmengen, in der Hoffnung, ihn dort zu erblicken – den Unbekannten, dessen Profil mir so vertraut war inzwischen. Doch er kam nicht. Gleichermaßen satt wie ernüchtert, gönnte ich mir eine Pause und widmete mich wieder der anderen Welt.

Er: Aufgrund meiner Erlebnisse mit der Hündin zweifelte ich an meinen Methoden, meinem Lifestyle, an mir. Ich zog mich zurück, besuchte einen ganzen Sommer lang keine SM-Party mehr, las einige Bücher. Im Herbst überkam mich die Sehnsucht. Doch mein Kopf warnte mich, zog die Bremse. Vorher war ich blindlings über Profile geflogen, hatte meine Netze über schöne, aber fremde Fassaden geworfen. Wieso nicht einmal Kontakte nutzen, Freundeslisten von Freunden checken. Dafür waren sie doch da, diese Listen. Oder nicht? Wenig später fand ich mich auf Manuels Profil wieder, klickte auf einen Namen, irgendeinen. Ein Profil öffnete sich, zeigte das Bild eines Auges. Nur ein Auge, sonst nichts. Doch ich wollte über meinen Schatten springen, mich ändern. Also begann ich zu lesen. Ich las die Gedanken einer Frau. Nicht ungewöhnlich, aber ansprechend geschrieben, menschlich. Am Ende fand ich eine Buchliste, in ihr der Titel eines Buches, das mich diesen Sommer sehr beschäftigt hatte. Beeindruckt über diese Parallele schrieb ich: »Tolles Buch!« Mehr nicht.

Sie: Nach drei Wochen Abstinenz lockte mich das Internet auf mein Profil. Bloß um mir die Zeit zu vertreiben. Ein paar Bekannte aus Berlin hatten mir geschrieben. Ich klickte weiter. Eine neue PN öffnete sich. Ungläubig blickte ich auf den Absender. Er, der Unbekannte, schrieb: »Tolles Buch!«, mehr nicht.

Er: Meine Methode zahlte sich aus. Die Dame kam aus Bayern, somit war ein spontaner Besuch ausgeschlossen. Jeden Tag schrieben wir uns. Im Winter besuchte sie mich zum ersten Mal. Wir redeten stundenlang, bevor wir uns näher kamen.

Sie: Das Mädchen erlaubt sich, wieder zu träumen. Zwei Winter ist es her, dass ich meinem Unbekannten zum ersten Mal begegnet bin. Im Sommer ziehe ich nach Berlin. Wir werden in Friedrichshain leben. Die zufälligen Überschneidungen vor unserer ersten Begegnung haben wir erst viel später rausbekommen.

SCHWARZ IST DIE FARBE DER LIEBE

UNGEWÖHNLICHE GESCHICHTEN ÜBER DIE DUNKLE SEITE DER LIEBE
UND DIE SCHÖNHEIT DES SCHMERZES

SCHWARZ IST DIE FARBE DER LIEBE
ANTHOLOGIE. ANAIS BAND 25
Von Cornelia Jönsson, Julia Strassburg, Anna Bunt, Anouk S.
288 Seiten, Paperback
ISBN 978-3-89602-946-1 | Preis 9,95 €

15 grenzüberschreitende Erzählungen sind in dieser aufregenden Anthologie versammelt: »Der Yoga-Kurs« von Anna Bunt etwa handelt von einer Frau, die ihr Familienleben aufs Spiel setzt, um dem Alltag zu entfliehen. In einem heruntergekommenen Haus wartet sie jeden Mittwoch mit verbundenen Augen auf fremde Männer und ihren Herrn.

In »Dein Blick, vor all den Jahren« beschreibt Cornelia Jönsson die zufällige Be-gegnung einer Frau mit ihrer unvergessenen Jugendliebe. Es ist die Intimität der kindlichen Indianerspiele im Wald, die sie als Erwachsene mit Machtspielen vergeblich wiederzufinden versucht.

Anouk S. erzählt in »Angekommen« die Geschichte von Sarah, die sich mit 13 unglücklich in ihre strenge Reitlehrerin verliebt. Erst Jahre später findet sie das Wort für ihre brennende Sehnsucht: Sadomasochismus.

DIE AUTORIN

Julia Strassburg wurde in Hannover geboren. Sie studierte in Hamburg Design und lebt seit Anfang 2007 in Berlin, wo sie als Freiberuflerin tätig ist. Das fortwährende schöpferische Kribbeln in ihrem Kopf führte sie zum Schreiben, das neben der Fotografie ihre wichtigste Ausdrucksform ist. Nach dem ANAIS-Roman *Was sie will* ist *Schöner leiden* Julia Strassburgs zweites Buch.

Julia Strassburg
SCHÖNER LEIDEN
33 skurrile SM-Erlebnisse,
seltsame Fetische und schräge Fantasien

ISBN 978-3-89602-126-9
© Schwarzkopf & Schwarzkopf Verlag GmbH, Berlin 2012
Coverfoto: © Sven Schwalm / nujolie.com | Lektorat: Maren Konrad

KATALOG
Wir senden Ihnen gern kostenlos unseren Katalog.
Schwarzkopf & Schwarzkopf Verlag GmbH
Kastanienallee 32, 10435 Berlin
Telefon: 030 – 44 33 63 00 | Fax: 030 – 44 33 63 044

INTERNET | E-MAIL
www.schwarzkopf-schwarzkopf.de
info@schwarzkopf-schwarzkopf.de